金星出版
命理生活新智慧・叢書
VENUS PUBLISHING CO.
U0097559

命理生活新智慧・叢書 97

說服力包山包海一把罩

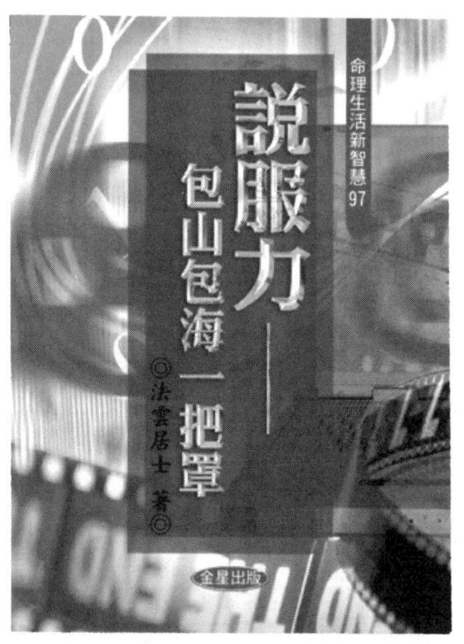

金星出版社 http://www.venusco555.com
E-mail: venusco555@163.com
法 雲 居 士 http://www.fayin777.com
E-mail: fatevenus@yahoo.com.tw

法雲居士⊙著

國家圖書館出版品預行編目資料

說服力包山包海一把罩／法雲居士著，
--臺北市：金星出版：紅螞蟻總經銷，
2011年3月 初版；面；公分—
（命理生活新智慧 叢書；97）

ISBN:9789866441363 （平裝）

1.紫微斗數

293.11 100000381

說服力包山包海一把罩

作　　者：法雲居士
發 行 人：袁光明
社　　長：袁靜石
編　　輯：王璟琪
總 經 理：袁玉成
出 版 者：金星出版社
社　地址：台北市南京東路 3 段 201 號 3 樓
電　電話：886-2--25630620●886-2-2362-6655
傳　FAX：886-2365-2425
郵政劃撥：
總 經 銷：紅螞蟻圖書有限公司
地　　址：台北市內湖區舊宗路二段121巷28・32號4樓
電　　話：(02)27953656(代表號)
網　　址：www.venusco.com.tw
http://www.venusco555.com
E-mail　：venusco@pchome.com.tw
venusco555@163.com
法雲居士網址：http://www.fayin777.com
E-mail　：fatevenus@yahoo.com.tw
版　　次：2011年3月 初版
登 記 證：行政院新聞局局版北市業字第653號
法律顧問：郭啟疆律師
定　　價：370 元

行政院新聞局局版北字業字第 653 號
(本書遇有缺頁、破損倒裝請寄回更換)

ISBN :9789866441363 （平裝）

（因掛號郵資漲價，凡郵購五冊以上，九折優惠。本社負擔掛號寄書郵資。單冊及二、三、四冊郵購，恕無折扣，敬請諒察！）

序

這本『說服力包山包海一把罩』的書，是我利用紫微命理中特別揪出有關『說服力』的特性時間，來幫助某些在『說服力』上缺少方法的朋友們出奇制勝的一本書。

人人都要有『說服力』你才會做事成功！沒有『說服力』的人永遠會落人之後，落人口實，遭人埋怨，甚至痛恨。因此『說服力』在我們人生中很重要，具有『說服力』的小孩能向父母多要求享受比其他兄妹稍多的錢財資源。具有『說服力』的同事也比別人早加薪、升官。具有『說服力』的學生，也會比別的同學

說服力
包山包海一把罩

更得老師歡心，成績優等。當然！具有『說服力』的外交官更會為國家爭取更多利益。具有『說服力』的政府官員，會更得民眾愛戴支持，以及官位長久。

『說服力』在我們的生活中無所不在，無所不須要，但要如何運用、如何施展，很多性格內向、靦腆的人便一無所知、莫宰羊了！

其實，我們每個人都能夠具有、並可應用強力的『說服力』的！這個強力具有『說服力』的能力會在某些特定的時間中展現，因此我們可以利用這些特定的時間，便能夠具有『說服力』，也都能夠包山包海的把事情都做成功了。

『說服力』在某些人身上自然是天生的功能。但我們一般人就要利用這些天賦與我們的特定『說服力』時間，來達成自己的

成功。

每個人都具有能『說服』別人的時間。事體都有兩面，自然也會具有『會被別人說服』的時間，在這個時間中，你就要小心！勿被別人強力推銷物品或被別人遊說做壞事，以防自己吃虧上當了。所有的詐騙集團的『詐術』都是利用這種『反面的說服力』而詐騙成功的，因此你要隨時注意警惕！

凡是世界的事務要成功，必須用到『說服力』，這也是不爭的事實。希望這本書能對大家有利，也能幫助宅男、宅女、性格怯懦內向的人踏出成功的第一步！

法雲居士　謹識

命理生活叢書97

目錄

說服力
包山包海一把罩

前言

『說服力一把罩』，簡言之就是：當你為了某種目的與人協調，或因某件事情被迫協調時，能堅守自己利益績效的一種學問。而這種學問是可以紫微命理的方式來計算出有關協調時屬於最佳的時間、空間、因緣際會（通稱天時、地利、人和）的一種科學方法。

說到說服力需要天時、地利、人和，是一點都不假的。其實，**要做成功任何一件事情，都需要天時、地利、人和。**很多人認為天時、地利、人和是可以自己來創造的。這種『人定勝天』的意志力固然值得推崇，但是我認為，世界上大部份的人都是在跟著命運在走，以及跟著感覺在走，來過完人生歷程的。當然，其實人也天生具有好運的敏感力，若再加上人生運程順遂的話，這種跟著命運和感覺而走過一生的人，一生都在好的運程中，是不會感覺到有什麼難過的事或有任何差異的。

但並不是每一個人都具有這種好運的敏感力。倘若人沒有先天的好運敏感力，又再加上人生並不是時時如意，而是起伏不定的話，你就必須瞭解何時是天時、地利、人和的境界了。這時，**你就非常需要紫微命理所提供給你的，可計算出時間、空間、因緣際會（天時、地利、人和）這種方法了。**

說服力因形式不同，紫微命理可計算出的『天時、地利、人和』的方法也會不同。說服力的型式非常多，而紫微命理中提供給你能計算出『時間、空間、人和』的方法也逐一不同。例如大

型事件說服力、大至國家與國家的說服力，國際性的說服力，小至平常人一般日常生活中朋友間、家庭間、為金錢、為利益、為名譽、為情義等等的一些說服力。其中更包括了各種不同型式的商業說服力、招標工程、議價等等的攻防戰。或是企業機構彼此間的競爭、合併、併購等方案。當然也包含了一切政治活動的角力協議、勢力均分等等的議題。

問題這麼多、這麼廣泛，有的人會訝異：**難道紫微命理這麼神通廣大**？世界上所有的事都管得了，都可在紫微命理中找到解答了嗎？

各位請別忘了！紫微斗數就是一門專門在時間、空間、因緣際會中傳達訊息的學問。而世界上一切事情的發生，與結果、結論，仍是受時間、空間，和人的掌控所做出的定論。因此世界上

說服力包山包海一把罩

萬事萬物的成敗、延續或結束，也就是立足在『時間』、『空間』和『人的關係』三個因素的交叉點上。解決了天時、地利、人和的問題。自然所有的事情便水到渠成了。

可是這其中仍會有一些稍為不同的差異，譬如說在人際關係的不同，所運用的方法也略有不同。好比說：**父母要對子女來說服**，就必需要找一些與子女、晚輩間關係好的時間，才會說服有成果。好比說，朋友間有利益上的衝突或金錢上的瓜葛，**就必需找一些具有『朋友運』的時間，或是自己本身具有『金錢運』的時間來說服**，較會得到完美的結果。其他像是企業間的商業說服力、接生意、併購等等，也是要以主事者的吉運為主。**甚至於是國與國之間的說服力**，紫微命理所掌控的天時、地利、人和的因素，更是直接影響了一個國家的命運，同時也影響了數以千萬計的黎民百姓。大家也可以紫微命理的方式，來替我們自己的國家預卜未來的運勢。

『說服力一把罩』也可預卜國家未來的運勢

在預卜國家未來運勢時，我們就要注意到所屬世紀『元運』的問題（天時部份），也要注意國家所在地『方位』的問題（地利部份），並要注意國際情勢的問題（人和部份），再運用這些資料和雙方產生事件的情勢做一個比較分析，以及國家領導、首領、執政者的命格與運程，再加上流年、流月的應用，以及國格天命運行的周期，便不難算出國與國之間的說服力或在國際說服過程中可能出現的結果出來了。

說服力成敗定論的關鍵

說服力——重要的關鍵就是，在什麼時間、什麼地點，和出席談判的是什麼人。這三個要素就是成敗定論的關鍵。

每個人掌握了自己一生命程中重要的、好的，吉運的時間，就能時時站立在穩贏的山頭，俯看你的敵人，也能創造出一生成功、好運的人生。『說服力一把罩』就是這麼一種帶動人生好運的、集管理時間、組合空間，營謀智慧、人緣，創造新企機——新式的計算、統計、歸納的學問。

第一章　紫微命理有那些強項可運用在『說服力』上

很多從沒有接觸過紫微命理，或對紫微命理不夠深入的人，在看到這本『說服力包山包海一把罩』的書名時，一定會說：『別逗了！怎麼這麼迷信呀？『說服力』都是些大事耶！怎麼會和算命扯上關係呢？』

的確！凡事到了『說服力』的階段，都稱得上是大事了。既然是大事，就要講求成功和『贏』。誰不想贏？談判的雙方都想贏！有人會提出『雙贏』的講法。實際上，這是可笑的，在說服力的過程中，一定會有一方考量情勢做一些忍讓，最後達成協議，而完成說服成功。因此考量多的、忍讓的、實際就是較弱的一方了。只是說的好聽，不承認失敗，而會有這種『雙贏』的說法。

任何一方想站上強勢的位置，就離不開具有天時、地利、人和等方面的絕對優勢才行。命理學中，尤其是紫微斗數就完全可計算出有利（好的）時間，和可計算出不利（壞的）時間的特別功能。也能有看得出好的地點和壞的地點的方法。這就是以方位來計算的。在彼此競爭的關係中更能標明出對手成功的微妙情感變化關係來。這就是彼此看得順不順眼？或說服力強不強勢的具有人緣桃花的部份。而且還會用吉星和凶星分別代表著成功或失敗的定義。讓你一目瞭然。

我們都知道，當一件事情進入到說服力的階段時，實在是都已醞釀了有一段時間了。也許是僵持了一段時間，也許是雙方暫時靜默不動，卻密切的注意對方的動靜，形成一種緊張拉鉅戰的局勢。大家都在看，看誰先出招，再見招拆招。在這種劍拔弩張的情況下，有了一個說服力的企機，實在是雙方都不想再拖下去，都想找到一個下台階。但這個下台階必須是對自己有利的情勢。因此說服力致勝的關鍵就愈發的重要了。

紫微命理最大的優點就是在時間的掌控上有特別靈驗準確的顯示方式。它會用各種不同星來代表不同種吉度的時間，也會用星曜旺弱的程度來顯示吉度的多寡。

同時，**紫微命理也會在空間中傳達環境的好壞**，是不是有利於自己的空間。以及在那個說服事件的當時，你自己所內含的心

理狀態是什麼？是急躁、不安、情緒不穩定？還是心平氣和、頭腦清明、態度穩重、深思熟慮的應戰？

總之，**說服事件的當時一切的細微末節，只要你懂得紫微命理，**而且很會解讀的話，你都會一清二楚的看得明白。倘若你更厲害的會應用紫微命理的精華所在，說服事件致勝的關鍵就像探囊取物一般的容易了。

在現今的社會中，每個人一輩子都會遇到無數次需用說服力協調的機會，是故『說服力成功與否』就是每個人的人生經歷的一部份。倘若你不去注意它，靠命運過日子的事情一再重演，那你的命運真的是無法改善的了。

現在讓我們一起來看看：不同的說服事件必須用不同的策略和手段來相應以對！

第二章　不同的說服對象必須用不同的策略和手段

說服力的種類非常多，在前面前言中，我已略做介紹。現在再分細一點來談，也具體一點來談，讓讀者可更清楚的瞭解，如何應用紫微命理的情況。

說服力是可分為兩種：一種是完全不瞭解對手，或是對於對手不太熟悉的一種。第二種是知己知彼的種類。

1 完全不瞭解對手，及與對手不太熟悉的說服策略

很多初次交手的說服案件和與對手初次見面的說服案件都屬於這一種。這其中包括了政治性、經濟性、商業性的說服力，也包括了工程招標、商業招標、公司合併、併購案等。或因生意上的需要和新合作的廠商做議價的說服、相互合作的說服。或是家庭中要裝潢、購置新的物件，與從未有來往過的商家交易等等，舉凡一切第一次接觸、合作、有生意往來，或從未有過從，而新碰面接觸，必須有結果的交易皆屬之。

舉凡一切的說服案件，無法得知對方的詳細資料，不知道對方負責人、老闆是誰，長得什麼樣子、個性如何？亦可能略有所聞，但無法確切掌握交手時的情況，或者是沙盤演練也無效時，你只有一個方法來站在不敗之地了。那就是掌握時間上的效應！

既然你沒有對手的資料，自然弄不清對手的運氣好壞。因此你只有算自己的『命』了！算自己的命，也就是算自己的時間。

先在自己的命盤中找出有利於自己的吉時（包括年、月、日、時），再盡力想辦法把說服案件的時刻約好在屬於自己命理吉時的時間內，前去應戰，就會有好結果。這種結果一定會比你一下子茫然不知所措，或是用盡心機，都算不準天機，搞不好用了一個壞時間其結果來得完美，**因為真正的『天機』就是『時間切合點』的問題！**

現今商業經濟的時代裡，無論政府、政黨、大機構、公司、行號都有一批說服力高手，因此在說服力上的智謀、口才等技巧上已經是個中楚翹，所以在命理學方面，只能提供給你們時間、空間上的精密計算法，再增加致勝的成功率。**而時間、空間又是致勝成功率的根本大法**。也就是說一般的說服力高手，具有口才和智謀，是具有人和的部份，尚缺『天時』和『地利』。所以紫微命理學對你們是同樣重要的。

舉例說明：

有一位房屋仲介商在戌年下半年的時候，要賣一幢價值五仟九佰萬的精美豪華別墅。有一位買家蘇先生非常喜歡，但多次討價還價，交易皆不成功。前後已拖了三個月之久，而且殺價至三仟萬，將近殺價一半，有一天來找我商量看看，如何才能說服這位買客，把生意做成，並且讓價錢合理一點。當時是農曆七月。

首先我請他形容一下這位買客蘇先生的外表長相。他只說是：此人矮矮壯壯的，頭圓圓的，形相粗粗的，像是生意人。不肯給名片，也不說自己從事的行業、公司名稱。只知道他要用現金交易，不需要貸款。氣勢很強硬。看起來很海派，但又十分小氣霸道，殺價很凶悍。一時之間又看不出是那一個命格的人。

所以用這位仲介商自己的命格、運程來推算談判的吉時時間是當前最好的、也是唯一的方法了。

這位仲介商是『紫微在巳』命盤格式的人，命宮主星是太陽、巨門、右弼、文昌陷落化科。在前面三個月都談不成賣屋的事，是因為他前三個月所走的運程都是空宮運、地劫運、廉貞化忌、破軍運。運氣一直是空茫、破耗、是非糾纏的情況。這位仲介商也表示，前三個月，別的案子也不順利，真的是一件案子都沒成交，很令他生氣。

目前現在是農曆七月，正是空宮運，運中還有陰煞，犯小人。對宮雖有天機化權、天梁、陀羅相照，但天機為居平化權，在變化中的主控力不強，況且又是反照的情形。有天梁，有一些貴人運，在外面的環境之中。有陀羅星相照，更增加了事情的施延之勢。因此農曆七月運不強，況且一般人也不喜歡在七月買房子，搬厝。**農曆八月走天府、鈴星運**。天府是財庫星，但在亥宮只居得地剛合格之位，又有鈴星來刑財，鈴星會聰明、鬼怪、急躁的嚇走了財。因此八月也不算完美的好運時間。

農曆九月他走天同化祿、太陰、左輔、文曲的運程，這就是一個非常好的運程了。不需要多勞苦，反而是輕輕鬆鬆的，態度平和悠閒的，優雅的，口才好，又有男性平輩貴人運（有左輔星），可獲得平輩男子有合作力量的時候了。這時候再去和買客談價錢、談條件，就會十分順利可成功了。

仲介商離去前，我頻頻叮囑，在這段到九月之前的時間中，可以和客人聯絡、保持關係，但千萬不要有激進的做法去逼客戶快點簽約成交，太急了，會勢得其反，弄巧成拙，欲速則不達。

農曆八月中秋節前一天，這位仲介商再次來電話，告訴我，他跑去告訴那位要買房子的客人，假稱已有別的客戶看中了這棟房子，並且出了很高的價錢，快要成交了，沒想到對方一幅漠然的表情，表示很忙，請他快點離開，一幅很高傲的樣子。他問我：怎麼辦呢？

這個狀況是我早都預見了，才頻頻叮囑他不要在八月份出招，會弄巧成拙。因為有鈴星刑財的問題。但這位仲介商覺得天府是財庫星，一定也不錯，所以不信邪，一定要耍點小聰明試試看而碰壁。這就是對星曜解讀不精確的問題了。自然就影響到對時間好壞的掌控。

我們可以從他的命盤中看到：農曆八月所屬的流月運氣在子女宮，是天府、鈴星入座。其對宮，也就是田宅宮是紫殺、祿存。此時的田宅宮正是八月流月運氣的遷移宮（代表外在的環境）。因此八月時，此人出外所逢到的人、事、物就會帶有紫殺、祿存的內含特質。其含意就是：他在農曆八月所碰到的人、事、物會是高高在上、高傲的、強悍的，對人冷峻的、保守的、一板一眼、不講情面的狀況。而這個仲介商自己在走八月份的流運天府、鈴星時，本身會帶有奸詐的、自以為信心滿滿的，喜歡做出奇致勝的動作，但不一定會佔到便宜的心態。當然這種心態是被紫殺、祿存不接受的，是故客戶不會給他好臉色看。**現今怎麼辦呢**？還是只有等，等到農曆九月時，時間特性變好了，才能再做計較了。

在農曆九月中旬時，此位仲介商喜孜孜的來電話告訴我，房子已經賣成簽約了！**他很訝異的是：為什麼時間算得這麼準**，九月可以賣掉，八月就不行呢？而且八月時那位客戶還很冷峻的拒絕，而九月時便自己又找來問房子的狀況，並且積極的展開議價，快速的成交了。真是奇怪？最後他言道：只是房價賣得並不高，只賣出三仟伍佰萬。因為市道不好，景氣差。屋主急於脫手，幾翻思量，也就願意降價賣出了。這和先前屋主的態度是絕然不同的狀況的，而且輕輕鬆鬆的就完成交易了！耗費了那麼多先前他極辛苦的營謀時間。他想知道為何有這種差別。

房屋仲介商之命盤

田宅宮	官祿宮	僕役宮	遷移宮
紫微 七殺 祿存 癸巳	擎羊 <身> 甲午	地劫 乙未	天馬 丙申
福德宮 天機化權 天梁 陀羅 壬辰	陽男 木三局		**疾厄宮** 廉貞化忌 破軍 火星 丁酉
父母宮 天相 天空 辛卯			**財帛宮** 戌年七月 戊戌
命宮 太陽 巨門 文昌化科 右弼 庚寅	**兄弟宮** 武曲 貪狼 戌年十月 辛丑	**夫妻宮** 天同化祿 太陰 左輔 文曲 戌年九月 庚子	**子女宮** 天府 鈴星 戌年八月 己亥

我們看：這位仲介商農曆九月走的是天同化祿、太陰、文曲的運程，而且天同居旺和太陰是居廟的。這代表一種平和、享福、人緣好、不勞碌，但又進財很多，口才好的運程。這種享福的運氣是天生自然的享福運氣，根本不需要多花力氣，別人會自動給你錢賺。再看看他的九月的流月遷移宮中是擎羊陷落，表示環境中仍是競爭激烈，鬥爭也很凶猛的狀況，因此那位買家和屋主之間的討價還價爭執得很凶，因為仲介商本人此月中走的是福運，故環境中雖爭鬥惡劣，但他是隔山觀虎鬥的情形，等雙方有了一個爭鬥的結果，自己再出面來簽約，坐享其成雙方議價的結果，仲介費就落袋為安了。其中只靠了口才來傳達雙方的意見而已，因此他感覺很輕鬆、悠哉、運氣好，這也是天同化祿、太陰的運程所致。

不過，**我還預測他在農曆十月份有更大一筆意外之財**，因為正逢『武貪格』偏財運。可是錢很快便會花掉、存不住，後來也應驗了。

這些都是『時間』上的因素使然的，這就是紫微命理神奇的地方了。

每個人都有自己專屬的旺運時間，這些旺運時間會顯示在我們的命盤上，欲知道旺運時間的人，請看法雲居士所著『如何掌握旺運過一生』、『時間決定命運』等書。旺運時間的種類很多，適合用來做說服、協商的時間也比較特殊，這在後面的章節中會談到。

2 知己知彼的說服力策略

所謂知己知彼的說服力，就好比自己對家庭中成員的說服力，或是相知、相交很久的朋友之間的說服力，更可能是長官與部屬，部屬與長官之間的說服方式，亦或是長年宿敵、及競爭對手的說服方式。因為先前已有了一段相處的時間，稍微可知道一些彼此的性格和脾氣的容忍度，略知其最在意的一、兩件事件。也因為有了一點感情基礎的交情，或讓你覺得這種說服或協商會容易一點，其實一點也不見得。

有些長年的宿敵或長年競爭對手之間的關係，因為長年敵對而相互研究制約的辦法對策，或常做沙盤演練，有時候其相互間的熟悉度，彷彿如家人一般的熟悉了。

所以和知己知彼的說服案件，就要看你知道自己這方所掌握的籌碼的是什麼？又要知道對方的情況是什麼，又是什麼樣的層次、種類、程度而定了。

很多人同住在一個屋簷下數十載，表面上看起來也很和樂，也自以為很瞭解家中人的性格趨勢，但往往都是浮面的、表面的。等到發生了衝突、口角、敵對的狀況時，才知道對方原來是這麼一個頑固、脾氣暴躁、難纏的傢伙！因為先前評價人的觀點錯誤，後來衝突點的處理方式也不佳，以至於各自堅持在自己的憤怒、驚爆點上，無法平心靜氣的坐下來協商、說服，這是非常可惜的事情。因為憤怒、氣憤、堅持得愈久，就愈失去說服、協商的優勢情勢。

而且太頑固堅持己見的人，往往無法看清事實的真象，也無法從多種角度來思考能解決爭端的方法，只有讓時間延宕，更解不開死結了。所以多方位的思考，以及從對方立場的思考方式是必要的。這樣才能知道對方最低的限度在什麼地方？只要能滿足這個最低層次的要求，說服協商就能有成果了。

雖然是相知相熟的人，在說服時間上的拿捏依然是最重要的。譬如說是家中份子的說服。你就可以選擇這個說服對象本命會具有溫和、講理的時間，而你自己本身也是吉運的時間來與之商談、說服，就會一談就成，並且可促進彼此更進一步的瞭解和親密度。**例如對方是天同居旺、天相居旺、天府、紫微、天梁居旺的時間都是非常好的時間，同時自己的時間也要好，才會一舉成功。**對方會非常平和、講理、穩重、願意真心思考的、考慮你的說法和說詞，也會衡量輕重之後，做一個公平、公正的抉擇、定論。**這是一個對雙方都有利的時間。**反之，**像殺、破、狼的時間都不可用，羊、陀、火、鈴、化忌的時間也最毒，只會敗事。**這些時間無論是屬於對方的，或是屬於你的都不太好。其他如太陰陷落，太陽陷落的時間也不太好，人緣和察言觀色的感覺能力都很差，人也會遲鈍愚笨，缺乏思考、評估的能力。另外有空宮的運氣和有地劫、天空的時間，也都是茫然無措、抓不住正確方向的時間，當然也不好了。

有左輔、右弼的時間是好的，不論是屬於對方，或是屬於你的時間，其人都會具有合作精神，會顯露出善意、極願意配合的意願來協調、接受說服，這樣對雙方都有利，這是一個好時間。

舉例(一)：

有一位父親，家中有一個獨生女，這是一個聰明、功課好，就讀高中名校，自視很高、驕傲、脾氣壞、霸道的女兒。因為父母的學歷比較低，因此女兒是掌控家中大小事務，決定權的人。女兒常和母親連成一氣。這位父親常自感是家中的老奴被呼來喝去。女兒常對父親不禮貌的譏諷，認為他是個沒出息的父親。這位父親很痛苦，很想改善與女兒的關係，找她好好談一談，但又深知女兒牙尖嘴利，根本說不過她。有一天，這位父親來問我，有沒有一個時間，是可以讓他和女兒協談，而讓他把話說完，把自己的意思表達清楚，而不被女兒搶話、打斷，也不會被女兒痛斥的時間呢？

我看了一下這個女兒的命盤，說：當然有！

某女之命盤

<table>
<tr>
<td>疾厄宮
天梁
己巳</td>
<td>財帛宮
七殺 左輔 鈴星
庚午</td>
<td>子女宮
天鉞
辛未</td>
<td>夫妻宮
廉貞化祿 右弼
壬申</td>
</tr>
<tr>
<td>遷移宮
紫微 天相
戊辰</td>
<td colspan="2" rowspan="2">陽女
火六局</td>
<td>兄弟宮
癸酉</td>
</tr>
<tr>
<td>僕役宮
天機 巨門 擎羊
丁卯</td>
<td>命宮
破軍化權 火星 陰煞
<身>
甲戌</td>
</tr>
<tr>
<td>官祿宮
貪狼 祿存 天馬
丙寅</td>
<td>田宅宮
太陽化忌 太陰 陀羅
丁丑</td>
<td>福德宮
武曲 天府
丙子</td>
<td>父母宮
天同
乙亥</td>
</tr>
</table>

現在我們看這個女兒的命盤。

這個女兒是破軍化權坐命的人，性格非常強勢、凶悍，說話、做事很有威嚴，也能抓得住主控權，又有火星在命宮，是強勢、急躁，具有堅定的意志力，性格好爭鬥，凡事都要達到自己理想目標的人。她的遷移宮是紫相，表示她的外在環境是要維持在高級的水準，表面看起來很富足、平和的生活狀態。同時在她的環境中遇到的人都是溫和的、軟弱的，因愛面子，不願意爭吵、爭執，而粉飾太平的好好先生一樣的人。我們再看她的父母宮是天同居廟，表示父母也是溫和、懦弱、世故的人。**而破軍化權坐命的人**，本身就是膽大妄為、天不怕、地不怕，什麼話都敢說、敢做的人，再加上父母的縱容，這位父親有現今的苦痛，真是一點也不奇怪的了！

破軍坐命的人一向有奮鬥打拚的毅力，能力強、多疑、善變。凡事欲達目的、不擇手段，與石俱焚，再所不惜，而且說話大膽，許多隱蔽的，諱言的事情，她都敢講。有化權時，這些特質會加倍的呈現。並且他們是最喜歡搞改革、破壞，把事物毀壞之後，再介入重整，使事物合於自己的利益和受自己的支配。

既然是這麼一個強勢的命格，而父親又處於極端的弱勢，甚至是父親連和女兒談話都感到害怕，還有機會教訓她的不禮貌行為嗎？

我是這麼建議這位父親的：既然，女兒這麼強勢，你還是用說理、講理的方式比較符合父親的個性，因為父親要用硬的、訓戒的方式也鬥不過她，反而適得其反，關係愈弄愈壞了。**倒不如以柔克剛較好**。

首先我在女兒的命盤中找到三個好時間是對協談有利的時間。第一個是辰時，這是早上七點到八點，要上學的時候，她走的是紫相運程，這時候女兒氣度優雅、平和、思想會清明、思路會清晰，做人會公道、講理一點。而且此時她一定自認是個講理的人。只要平心靜氣的把父親內心的委屈慢慢的向她訴說，自然會得到女兒的體諒。再和她約法三章，不要在外人面前和父母作對，也不要任意使父母難堪。因為如此，不但會使外人看輕她的父母，同時對女兒也會瞧不起的。這位父親說，早上七、八點正是他開車送女兒上學的時候，以前曾經也在車上談過一些事情，他回想起來，這個時候也確實有效。

第二個時間是晚上九、十點鐘的時候，女兒正走天同運。這是女兒性情溫和，帶有一點稚氣、天真無邪，有純真感情的時候。此時也正是女兒正在讀書或從補習班回來稍做休息、吃點心的時候，這位父親回想起來，這也正是一家人和樂的可以聊幾句話的時候。

第三個時間是晚上子時的時候，在晚間十一時至凌晨一時的時候，此時女兒正在夜讀。這是武府的時間，女兒會有剛直、計較、小氣，但會講理、守承諾。不過此時的她也正是十分會計較自己利益的時候，只要和她的利益、金錢無關的事物，與之協商，例如請她改善一下態度問題，仍可得到好的回應與承諾的。

由此可見知己知彼，可找到對方的命盤來做為選擇說服、協調的好時間，還是有很大的便利性、與準確性的。

舉例(二)：

有一對兄弟兩人合開貿易公司，在生意蒸蒸日上的時候，兩人卻拆夥分家了，其中的原尾和是非黑白我們不清楚。兄的女兒拿著叔叔的命盤來問我，何時可再拿回屬於父親的一些財產？何時叔叔才會受到報應？現在這個叔叔已將公司重心移往大陸，她的父親和叔叔纏訟多年，糾葛多年，花了很多精神來破壞叔叔的生意，但叔叔依然愈做愈好，愈來愈風光。讓這位女兒的父親氣竭！

由這個故事中，我們隱約感到了詭異的氣氛。倘若有當事人兩造的命盤，我們便可立即看出此人說話的出入有多大。也可看出誰是誰非，因為這位女兒堅持不肯透露父親的命格，又說只要用叔叔的命盤來斷事情。事實上我們也可得窺堂奥於一、二了。

某先生之命盤

遷移宮 天梁化祿 <身> 巳	疾厄宮 七殺 午	財帛宮 未	子女宮 廉貞 申
僕役宮 紫微化權 天相 右弼 辰			夫妻宮 鈴星 酉
官祿宮 天機 巨門 文曲 卯			兄弟宮 破軍 陀羅 左輔化科 地劫 戌
田宅宮 貪狼 火星 寅	福德宮 太陽 太陰 丑	父母宮 武曲化忌 天府 擎羊 子	命宮 天同 祿存 文昌 亥

這位叔叔是天同、祿存、文昌坐命於亥宮的人，對宮有天梁化祿相照，在命格中有雙祿格局，是必定主富的人。他的性格也是表面溫和、穩重、保守、有點小氣的人。身宮在遷移宮，也是個奔波勞碌的人。他的兄弟宮和父母宮都不好，從兄弟宮可看出此人對其哥哥的心態與看法，在他的心目中：其兄是不夠聰明、愛爭、破耗多，很浪費的人。而且兄弟間的感情原本就不好。這是因為有破軍、陀羅、地劫的關係。因此哥哥對他是沒有助力的、是來打劫財的。有左輔化科在兄弟宮中，又和這麼多的煞星同宮，左輔是助惡不助善的。有左輔化科和破軍、陀羅、地劫同宮，只能表示兄弟是把事情搞砸有一套，破耗多，做事做不好，也不會賺錢，對錢沒有敏感力的人，絲毫沒有正面意義和幫助的。由此看來這兩個人根本不可能合作，也很難共享富貴了。

這位叔叔最好的宮位在僕役宮，有紫微化權、天相、右弼同宮。表示朋友對他的助力很大，朋友都是長相體面正派、熱心的人，會幫他做事。因此這個叔叔是用部屬及管理人才非常有一套，可以說是知人善用的人。並且部屬和朋友都極有向心力。這些人只要到了他的手下，自然順服，而且盡心盡力的為他賣命。但是他的兄弟可不是這麼樣的人，而是幫倒忙的人。所以兄弟不和，是性格不和，做事方法也不一樣。彼此怨恨、爭鬥不停的，並且其兄弟會用愚蠢的方法來與他爭鬥，愈爭鬥就愈讓叔叔的事業蒸蒸日上、愈好了。**這就是破軍、陀羅、左輔化科在兄弟宮形成的意義了。**

現今為兄的沒有做事，專職是對付弟弟、破壞他的生意，要引起他的注意，為的還是『錢』。現今哥哥住在從前一起打拚時所買的五層樓房中，一樓仍是弟弟公司在使用，每日看到公司的人在搬貨，搬進搬出的，更是眼紅、氣憤。

其實我覺得，既然有弟弟的命盤，就乾脆選一個屬於弟弟的好時間，去與他詳談要一點錢。連續爭鬥這麼多年，反而幫助弟弟的事業更輝煌，而為兄的卻愈來愈慘，是不是非常不值得？現在為兄的已五十多歲了，打拚的時間有限，何必再浪費時間在無謂的爭鬥上，況且也爭鬥不過他。因為弟弟是福星和祿星坐命的人，天生有屬於他的福祿。很顯然的，哥哥的命格沒有弟弟好，打拚能力、智慧也不足，才會一味的鑽牛角尖，浪費了時間。若再這樣下去，一生就在悔恨中度過了，豈不可惜？

我們在命盤中可以看到屬於弟弟真正平和的好時間，其實只有兩個。一個是辰宮（代表辰時），是紫微化權、天相、右弼的時間。一個是亥宮（代表亥時），是天同、祿存的時間。

辰時的時候，此人會有威嚴、莊重，如帝王般不容侵犯，非常有威權的氣度。但心態平和、因有合作向善的心念，會照顧朋友和屬下。用這個時間去好好與之協商，但協商者的態度要放低姿態一點，委婉一點，委曲一點，用心去打動他，也自然可以要到你想要的錢財。不過他本性是不會太大方的，所以錢是要得到，並不會很多，更不會如哥哥預期的分一半財產之多。

我們由辰宮、戌宮這兩個宮位可看出當時說服的情形。辰宮是辰時的流時，代表弟弟本人的運氣和當時其人的思想及態度。而戌宮是辰時的『流時遷移宮』，代表弟弟當時外在環境出現的人的態度。此時來說服的哥哥是非常凶猛，好爭鬥的，卻用的是極笨蠢的方式在吵鬧，很可能是大聲叫囂、惡言相向，又多威脅、不堪的話語的。但是弟弟此時走的是紫微化權、天相、右弼運，一付安詳、氣派、雍容、老僧入定的模樣，任憑哥哥叫罵，也不加理會。最後由旁人，很可能是女性出來勸服哥哥停止吵鬧或勸其離開。紫微化權、天相就有這種使萬事萬物一切平順的力量，但也十分會講理。無論如何，他都是站在高姿態，具有高高在上的位置角色的，並不因別人的怒罵、吵鬧而稍減自己權威的力量。反而更讓別人敬重他的氣度，因此哥哥要用這種吵鬧不雅的態度來爭鬥，真是很笨的方法。只有平心靜氣坐下來協談才能真正解決事情。

▼說服力包山包海一把罩

在亥時的時候，是天同和祿存同宮的時候，對宮又是天梁陷落又化祿相照。倘若哥哥此時去和弟弟協談說服，要的是工作和職位，可能比較好講話。若直接要去分財產，弟弟此時雖是十分溫和，但也不會作出讓步。因為祿存就是堅持把財守在自己這裡存起來的意思。在這樣的時間裡，弟弟只會平和的靜聽哥哥的說話，而不會表達任何意見，當然也不會做任何不利於自己的決定。我們也可由弟弟的這個『天同、祿存』的時間中看出哥哥的態度。此時哥哥的態度是頑固的，一直講自己的道理，但油滑的，並不想把氣氛弄得太糟的。當然哥哥是得不到太大利益的，小利益則有的狀況。

這是由亥宮對宮的天梁居陷化祿看出來的，因為亥宮的流時遷移宮是巳宮、巳宮的星曜就代表此時環境中人所出現的態度。

由此我們可清楚的知道哥哥當時的態度了。人在運氣好的時候，是會平和、溫順、頭腦清晰、善於講理，做人處事會十分公正、公平。一切善念在人的腦海中運行時，其人的運氣就會轉好，這也是為什麼會趨吉避凶的道理了。反之，在人運氣壞的時候，脾氣暴躁、凶惡、惡念頻生、報復、搞破壞，破耗就產生了，此時頭腦像陀螺一樣打轉、鑽牛角尖、頑固，只堅持在自己塑造的道理中，不肯以常理、平常心來看待事物，所以給人看起來就是很笨拙的樣子了。**另一方面，因為堅持己見，固步自封，**也不願聽別人的意見，自然沒有新的資訊和思路來化解危機，這就是為什麼人在笨的時候、生氣的時候、凶暴的時候，更遇凶災的原因了。因為趨吉避凶的力量已被氣憤淹沒了，好運已經遠離，自然沒有福力了。**所以我們每個人在遇到事情、處理事情時，首先要控制自己的情緒**，而不要被情緒控制了，以防自己變笨，失去了解決事物的先決時間條件，再回過頭來找解決的時間和條件，便會更錯綜複雜、困難度又增加很多了。

在許許多多家庭成員爭財產，爭房地產的事件中，很多人都是上了公堂、打官司，經年累月的辛苦，但最後結果也不好，仍沒爭到。最後又想用自己的命格和對方命格來做一次大對決。這時候他就想用自己命格中的煞星、煞氣來化煞為權，制裁對方，使對方屈服。就像此案例中這位女兒拿叔叔的命盤來問事，也同樣是想以命理的方式找到制裁叔叔，使其就範，把錢分出來的狀況。

用命理去制裁人，這種方式行不行得通呢？

我想是不行的！因為每個人的財是屬於每一個人自己個體的財，別人要來分財、劫財，這個人同時也勢必要採取護財的動作。保護自己財產方法好的人，便能積存財富。保護自己財產方法不好的人，便會耗財、財少、財窮。

有一些人是天生財祿較少、較欠缺的人，護財的能力當然也更不好了。像前述案例中這位哥哥一直要與弟弟爭鬥去奪財，這就是一種天生是以劫財維生的命格。**像殺、破、狼命格的人**，就天生是劫財命格的人。其中劫財的方式和得到的財多寡也不同。**就像貪狼坐命的人，是以好運著稱**。他可以用對好運敏感的嗅覺，而從別人處劫到財，而享用之。**七殺坐命的人**，會用苦幹精神來取財，得到一點，便是一點，在金錢上有屬於他自己的好運

方式。**破軍坐命的人**，本命的財與前二種人大大不相同了，他是以爭戰、破壞的方式，使別人害怕，或逃走，而剩下的財被他劫而用之，當然這種財富就較少了。

在命理上真正財多的人，是性格溫和、積蓄、苦幹而存起來的財富。所以在命理上講究的是平和、穩重、智慧高，有奮鬥能力，也有自己生財的工作能力的人才是好命。無論如何，命格中有羊陀、火鈴、殺、破等煞星的人，雖然可以對別人很凶悍來取財，但始終首先刑剋的是自己。不順利、財少的也是自己，再怎麼爭，都很難超過靠自己能力來積存的人的。所以在此奉勸一些正在有財產爭執的人，多研究一下自己在工作、儲財方面的能力，也研究一下自己是否命格是屬於破耗多，財少的那一種人，否則就算是你爭到了財產，最後也是財來財去一場空了。

從會談相互說服雙方主事者的命盤中，便已能預知會談說服力成敗的結果

在知己知彼的協商說服中，最大的優勢就是可用自己的命盤，和與被說服的對手的命盤做比較。一、從命格中所含的成份因素來做比較。二、從彼此命格中，性向愛好來做比較。三、從彼此命盤中所顯示的好運氣、好時辰來做比較，看誰的好時間、吉時較多？

常常同是一家人，但在彼此相互的瞭解並不多，性格和脾氣的底線在那裡？用什麼方法最可以疏通？從彼此的命盤中就可看出這種種種的端倪，再稍加應用，便可使對方心悅臣服的從協商、說服力中找到彼此可行得通的道路。而這種說服力就是真正天時、地利、人和的說服力了。

第三章　天生具有『說服力』的人

通常在我們生活環境的四周，常常會出現一些口才好、能言善道之人。更有一些頑固份子，愛強迫我們來相信他所說的話，到底這些人是否真的就是天生具有談判能力的人呢？

在這裡我想給各位一個明確的答案。

口才好不代表會說服人！強迫別人來認同他的主見，更是等而下之的口才技能了。

真正具有談判能力的人，有許多的條件：

第一、要有威儀，而不失的冷峻。

第二、要夠圓滑又不失真誠。

第三、談話內容要切實際與主題，不會嚕里嚕嗦，不會一直重複、嘮叨。理直義真，要合常理。

第四、要讓對方心服口服，即使對方已自認吃了虧，也要心甘情願的願意退讓。

第五、要有說話的技能，能營造我方的氣勢。

第六、要有高度的觀察能力與警覺性，即使已站在勝方（得利的一方），也要知道體諒，委婉的能安撫對方，使對方不會在被說服之後或之外的時間又生枝節變化，或多生是非、反覆或不認賬。因此能確切的掌握情勢是非常重要的。

天生敏銳的敏感能力，是說服力中掌握情勢的最佳力量

當然，要有掌握情勢、觀察力與警覺性，就要有敏銳的敏感能力，這種敏感力不但是要敏銳的感覺出說服人時的氣氛好壞、敵我之間或緊或鬆的親和距離，更要敏銳得能感覺出對方真誠與狡滑的一面，也要能感覺出事情變化起伏的脈落。會不會反勝為敗或反敗為勝呢？

這種主掌人性天生對人或事物具有敏感性的星曜，在紫微斗數中首推太陰星。**凡是在人的命盤格式裡有太陰居旺的人**，就是敏感性較強的人，因為太陰是陰柔、多情善感、喜歡『用情』來感覺事物、用情來衡量事物的星曜。因此不論太陰在命盤中那一個宮位中，只要是居旺的時候，此人就具備了敏感的特質了。自然，**太陰居旺在『命、財、官』、『夫、遷、福』第三合宮位時是最具有敏感特質**、有更強的超能力了。而且其人一生都會運用這項超能力，也一生都在信奉自己的第六感來處理事情了。

另一方面命盤中有太陰陷落或太陰化忌的人，其人就不具有敏感力了。我們常可發現一些人和女性朋友相處時，會受到冷淡或不友善的對待。甚至會遭受到女性朋友、女性同事、母親、或女性親屬、姐妹們當面指責及討厭，當然，這種和女性不和的人類中，也會包括了男性和女性兩種性別的人。我們也常聽到別人批評他們是：不懂事啦！不會看臉色啦！甚至是有些遲鈍型的，不容易領會當時狀況的人。這些人容易遭受別人的冷漠，也容受人杯葛，**尤其是命盤中有太陰化忌的人，也就是乙年生的人和庚**

年生的人，容易和女性性別的人有是非不悅的問題。這主要就是女性比較敏感，看到討厭的人，就會直接的表現出來。所以有太陰化忌的人，應該特別在生活中感受到來自女性的壓力。

具有威儀，便能具有天生的主控力量

除了人要有敏感性，更要有威儀，要有主控事情發展的主控力，這一項在說服力中非常重要。『重望所歸』是直接影響到『說服』結果會成功的一種與生俱來的力量。

要有威儀，要有天生的主控力，這個人的命格，命宮中最好直接就有化權星。當然命宮中有紫微、天府、廉貞、天相、天梁、七殺、貪狼的人，也都會具有威儀，但每種星曜具有威儀的

程度不同，也不見得會同時具有主控事務的強勢力量。但是不論命宮中是何星曜，只要帶有化權星一起同宮的人，就必定擁有威儀和主控力兩項同時具備的強勢力量了。有關於十種化權力量會在後面的章節中會談到。

第四章　那些人具有天生的說服能力

『說服力』就是一種競爭。但是具有競爭心態的人，並不一定具有威儀。

紫微坐命的人

就像紫微坐命的人，命格居旺、居廟時，會具有高尚、氣派、懾人的震懾力量，使人望而尊重，帶有敬畏之心。而紫微坐命子宮居平的人，這種使人敬重的震懾的力量就明顯的不足了。

廉貞坐命的人

又例如命宮中有廉貞星的人。廉貞在寅、申宮居廟坐命時，其人就有強勢的震懾別人的力量，使人會小心以對。有智謀，而具有威儀。**而廉相坐命、廉府坐命、廉殺坐命的人**，所具有的威儀就甚為薄弱。這就是因為同宮的廉貞為居平的關係。

天梁坐命的人

天梁居廟、居旺坐命的人，也是一樣的。他們外表穩重冷靜，具有智謀，在說服力的攻防戰中氣勢旺盛，很能壓制氣氛，主導氣氛，也具有震懾人心的力量，而具有威儀。反之，天梁居陷坐命的人是無為無治，沒有競爭心的人。其人本身也不喜歡擔當說服力的主角人物，既沒有威嚴，也不想負重責大任。

天相坐命的人

天相坐命的人，要獨坐居廟的命宮，較會略具威儀。天相是勤勞穩重的福星。它的威儀是來自於性格的沉穩和做事努力和任勞任怨、喜歡服務負責方面的。**因此有雙星坐命如廉相、武相時，或命宮天相居得地之位，或命宮為天相陷落時**，便不具有威儀的外表了。其人在性格上也較軟弱溫和、願意妥協，縱然是故做強勢，只要外界環境稍加壓力，便會變為原形。天生具有強勢威儀的人，便不會如此。

七殺坐命的人

基本上殺、破、狼居旺坐命的人都具有威儀。七殺星是埋頭苦幹、善於爭戰的將士。七殺坐命即使居平，也具有威儀，這是因為七殺最低的旺度就是居平，而此時是和居旺的紫微同宮，是紫殺坐命的人，因為紫微居旺的關係，而具有威儀，外表是氣派、強勢，具有強悍、懾人力量的。

破軍坐命的人

破軍單星居旺坐命時，競爭心、打拚力量十足，具有多疑、多謀略，爭鬥性強。破軍本身就是一顆出外爭戰、掠奪的星曜。

當破軍居廟、居旺時，這些特性發揮到極致，而且不達目的，不會罷休。並且是不計曲折、損失、耗敗、犧牲，一定要戰勝的心態。這種強勢的戰鬥力量會使人畏服，而產生懾人的威儀。命格溫和或命格弱的人，多半會放棄與之競爭，或放棄與之繼續爭鬥了。**破軍居得地之位，或破軍居陷的人**（是廉破同宮坐命的人），或破軍居平（武破坐命）坐命的人，就沒有很強的震懾人的威儀了。他們常會因為其他的事情影響，或自已本身上性格、想法的錯誤，而導致離開說服力的戰場。或主題不正確，惹上其他的是非而功虧一匱。

舉例：

就像以前社會上發生的一件醜聞案，一些剛出道的小子所組成的董事長合唱團，團員涉嫌強暴案件，參與協商的是當時為立法委員林瑞圖先生。**林瑞圖先生是廉破坐命的人**，敢於冒險犯難。但是當時的立法委員是國會議員，關心選民固然很好，只不過淌這趟混水，管些狗屁倒灶的事，就失去身份地位和威儀了。雖然當時簽下和解書，事後又反悔是必然的事。廉破坐命者，一生都會面對破爛爛的環境，這和天相坐命卯、酉宮居陷坐命的人一樣，會面對破破爛爛的環境，所以喜歡管這些狗屁倒灶的事情。管正事和管邪事一樣管不好，是非多，爭鬥凶，因此是十分不適合做說服協商人才的人。但是他們敢說敢做，行為大膽，敢冒險犯難，也敢冒大不諱，所以很得到某些人的崇拜。但是你要瞭解他們的命理特性，有關揭發弊案，或是以下犯上的事可以找他。若是有關生意上、金錢上、利益上的協商說服則不適合找他來代為說服了。因為多半會節外生枝，事情並不順利，並且容易搞砸了。

貪狼坐命的人

貪狼是好運星，也是將星。在人命中，貪狼居廟、居旺的人，有強勢的威儀，適合做軍警大官，具有大將軍的威儀。在說服力方面，他們因為對好運的敏感性強，人也聰明、智慧高，善於應變，處理人際關係，因此是非常好的說服力人才。尤其是在軍事對壘和生意上、金錢上、利益上的爭鬥時，往往是所向披靡的。

貪狼雖居廟或居旺，再加文昌、文曲坐命的人，好運雖多，但會因頭腦糊塗、是非不清，多口舌是非、政事顛倒，遭人指責，而不具有威儀。這種人更是容易成為貪官污吏，行為舉止讓人懷疑。

但是貪狼居平和居陷時，好運就很弱，幾乎沒有了。尤其是貪狼在寅、申宮居平坐命的人，和貪狼在巳、亥宮，廉貪雙星居陷坐命時，這四種命格的人根本不具有威儀，也不具有人緣、處事上的智慧。

我們看貪狼居平坐命寅、申宮的人，雖然他們的遷移宮是廉貞居廟，這是一個一生都處在爭鬥多而強悍的環境之中，似乎應該很具有鬥爭的智慧，但是好運機會降臨少了，而且貪狼居平時，活動力就減弱了，智慧就低了。並且我們看貪狼坐命寅、申宮的人的一生，他的一生是只有夫妻宮和福德宮好，表示此人是重視家庭生活，愛享福的人。其人的事業宮是七殺居旺，是一種埋頭苦幹，不善用大腦，辛苦所得的財祿，他們命格中最大的財祿是在配偶處，也是靠配偶財多，他們才會有錢財的人。這樣一個命格的人，當然在做事能力上就不算好了。況且福德宮為紫相，是天生不喜歡操勞太多，只想過高尚平順的好日子的人。如此一來在競爭上的努力就顯得不足了。而說服力就是要競爭，也是非競爭不可，才能有好的結果。

廉貪坐命的人

廉貪坐命的人的談判能力當然更差了。人緣差，處處惹人討厭，別人根本不會聽他的意思表達。好運機會缺失。在智慧上、活動力上都不足，而且他們常常是愛說廢話，言不及意的人。並且此命格的人，多邪淫桃花，在男女關係上混亂，不喜歡接近邪佞小人，說話不實在，喜歡走後門、旁門左道。既沒有威儀，又

▼說服力包山包海一把罩

沒有智慧，又不走正途，如何能有說服力用在協商之中呢？可是廉貪坐命，命宮中有貪狼化權的人，特別喜歡在說服力事務中插上一腳，因為貪狼是居陷化權的緣故，始終是會敗下陣來的。

※凡是星曜居陷化權在命宮中的人，有化權也無用，不論是破軍居陷化權、天梁居陷化權、太陰居陷化權、貪狼居陷化權、太陽居陷化權、巨門居陷化權，都是一樣。是很難在說服力中發展用途或威力的，只有顯示此人會更頑固、強制要做，又做不好的性格。

天梁坐命的人

另外我們看天梁居廟、居旺坐命的命格，是具有威儀，也具有口才、智慧更高，是十分適合說服力場合的人才。

天梁單星居廟或居旺坐命的人，外表是十分穩重，有氣勢的人，天梁居廟時具有軍師的命格，善於運用智謀在爭鬥之中。天梁坐命子、午宮，再有擎羊居陷同宮或相照的人，份外具有智謀，這是亦正亦邪的命格，會利用正派的、或陰險的絕招與人爭鬥。在說服力的爭鬥中算是狠角色了。**就像前總統李登輝先生就是天梁化祿坐命午宮的人**，對宮有擎羊陷落、太陽相照。他在初登總統之位時，快速的掌握政權、軍權，當時有很多人驚訝其能力，甚至有些人暗自揣測他是得自有高人指點。實際上他自己就是高人，具有強勢的鬥爭智慧。當然在主政的十二年之中，難以計數的談判，總是勝利的居多了。

天梁坐命丑、未宮的人，若再有擎羊同宮或相照，也會是具有威儀，足智多謀，氣勢強的天生說服力高手。

機梁坐命的人

機梁坐命的人，因為命宮中天機居平的關係，聰明度並不如某些命理書上所寫的那麼強。事實上，機梁坐命的人，喜歡投機取巧，不務實，話多，常不是有口無心，或是意圖太明顯，讓人一目瞭然而有防備，首先就會被對方攻破，而無法再繼續說服下去了。

而且機梁坐命的人，天生不喜歡負責任，沒有擔當，看到要負責任時，或是說服的時間拖長，便會撒手不管了，也會導致說服協商的失敗。

陽梁坐命的人

陽梁坐命的人，是具有威儀的人。但心地太寬容，容易落入同情對手的陷井之中，其競爭力不在爭鬥這方面。倘若陽梁坐命的人參加協商，他們十分愛面子，只要面子上過得去，放水的情形很多，所基本上是不適合做為說服人才的。

同梁坐命的人

同梁坐命的人，是溫和的好好先生與好好小姐，他們喜歡服務別人，喜歡讓自己看起來人緣很好，像個大好人。口才很好，願意替別人排紛解難，但是往往被別人拖下水後又誰都不願得罪，而左右為難。他們也有較寬大、開朗的胸襟，只是在嘴巴上愛嘮叨，碎碎唸，因此也不適合做一個說服者。這會讓他很煩惱又左右為難的。

命格是『機月同梁』格的人，必須主星居旺有化權同宮，才有說服能力

其實天機、太陰、天同、天梁坐命的人，都是『機月同梁』

格的人，除非命格中有化權跟隨，並且要居旺帶化權的人，才具有說服的能力。否則不論是單星居旺坐命，雙星坐命，或居陷坐命，皆是不具有說服能力的人。

為什麼這麼說呢？

現在我們來看：

太陰坐命的人

太陰居旺坐命在戌宮、酉宮，或太陰居廟在亥宮，或是機陰坐命寅宮，或是日月坐命丑宮。上述這些命格中的人，都有居廟、居旺的太陰星在命宮之中，其人在外表和性格上都較陰柔、溫和、文弱、多愁善感，而且感情起伏多變化，是非常感性的人。首先不管是外表或性格上太柔弱，就容易失去威儀。其次會給人好講話、容易退讓的感覺，競爭力就顯得薄弱了。再加上他們情緒容易起伏不定，受人一激，便會感情用事，在想法上容易拿不定主意，很容易落入別人所設下的圈套之中而不能自拔。

命宮有太陰居陷坐命的人，不論是太陰獨坐在卯、辰、巳宮，或是同陰在午宮，日月在未宮，機陰在申宮的人，情緒變化大，容易感情用事，懦弱的性格通通都有。同時他們還擁有不喜處理人際關係，心態較狹窄，眼光看不遠等等毛病，這是因為太陰是財星又陷落的關係使然。當然他們之中，也很少有願意擔負責任的，是故是根本不具有說服能力的人。

天同坐命的人

天同坐命的人也是一樣，性格太溫和軟弱。天同是福星，靠的是自然的福力，只要沒有化權跟隨，就沒有威儀。天同居平，居陷時再加化權，仍是威儀不足的，也沒有太大主導福力來創造主控力量的能力。因此只有天同居廟化權坐命在巳、亥宮的人（丁年生的人），才具有真正的說服能力。其他像是天同坐命卯、酉、辰、戌宮、同巨坐命、同梁坐命、同陰坐命的人，皆不具有說服能力。而且他們在心態上較懶，喜玩樂享福，不太願意勞苦的參加爭鬥。就算是生活上小事情的談判，都會多惹口舌是非、煩惱又沒結果。

天機坐命的人

天機坐命的人，都很聰明，尤其有小聰明的靈巧，但是是非很多。因為巨門星始圍纏著『命、財、官』，或是在『夫、遷、福』等宮來打轉。天機單星坐命或雙星坐命（如機陰、機梁、機巨坐命）的人，都喜歡熱鬧、愛湊鬧，看別人很忙，也喜歡湊一腳，但又是三分鐘熱度，做事不長久，不能堅持到底。並且發覺爭鬥凶、不好玩時，便開溜了。雖然多數天機坐命者很會說話，但性格反覆無常，無法讓人信賴，更缺乏威儀和人緣上的親和力。說話言語之中多半是刀子嘴，又喜歡自做聰明，更易惹起紛爭，因此根本缺乏說服能力。縱然有化祿相隨命宮主星中，人緣稍好一點，會流於油滑，做事仍不實在，仍然不是具有說服力的人才。

命宮中有天梁星的人，在前面已經說過了。總而言之，『機月同梁』格的人，除了天梁居廟、居旺的人，和命宮有主星居旺加化權星相隨的人有說服力之外，其他的人，都是聰明有餘，說服力、競爭力不足的人。

此外再談談有關太陽、武曲、天府、巨門星坐命的人，在說服能力上的差異

太陽坐命的人

太陽坐命的人為命宮中太陽居廟、居旺帶化權的人，最具有

說服能力。他們也最具有威儀，容易讓人信服。頭腦清楚，處事脈落分明，有正義感、說話也條理井然，氣勢上就先聲奪人，是最好的說服人才。

太陽坐命的人，大多有圓圓大大的臉龐、高大的身材，很引人注目。太陽居旺坐命的人，一生的運勢比較好。太陽居陷坐命的人，一生的運氣較差。太陽居旺坐命沒有化權星相隨的人，是性格開朗、寬宏、容易原諒別人，也容易遭小人欺騙而不以為意的人。如此一來，別人只要稍用技倆或激將法，便能使其上當，因此不適合參與說服協商。

太陽居陷坐命，不論有沒有化權星相隨，都是喜歡躲在人背後，不喜歡出風頭，無法做檯面上的人。同時他們在男人的社會、場合中也失去競爭能力，只適合做幕後、幕僚性的工作。例如太陽居陷化權在子宮的人，適合做協商中在檯面下的操作，讓別人在檯面上競爭，這就會有很好的說服成績了。

其實我們在論命中常會發覺一些太陽坐命的人，並沒有在形體上出現太陽坐命的特徵，例如某些太陽坐命的人不高，較矮，或臉型不圓，呈長形，這樣的人，在八字中必有刑剋，命理格局不夠純正，當然一生成就也只是普通的層次，不會太好了。而且會在威儀、主控力上不足，也會不適合做說服的人才。

陽梁坐命的人

陽梁坐命的人，在前面已稍為談過，陽梁坐命卯宮的人，是具有官運、官威的人，但心地寬容，不喜歡小事計較，喜歡做大

事，不注重小節。在說服協商中會有很多疏失，也容易落入別人的圈套。但是有太陽化權或天梁化權相隨出現在命宮時，就同時具有威儀和對事務的主控力了。強勢的運氣和寬容的大氣量反而是說服力中最好的籌碼，說服力就容易快速的成功了。

陽梁坐命酉宮的人，不論有沒有化權星相隨，因為心性喜歡閒雲野鶴的生活方式，不喜競爭，也沒有事業心，沒有能成就大事者，故根本不具有說服能力。即使有太陽居平化權，或天梁居得地化權在命宮出現，其人只是在厚重的外表下稍具威儀而已，管管小事可以，出出主意也行，但並不喜歡親自參加說服的過程。故也是個不適合做說服別人的人。

日月坐命的人

日月坐命的人，不論命坐丑宮或未宮，皆有一個星是陷落的。因此就失去一大半的好運機會了。而且會在男性和女性的兩性之間的人際關係，始終無法平衡。而且太陰落陷時，在利益上的競爭力就缺乏損失了。有太陽落陷時，在政治和說服力成功的希望上也失去了優勢。況且日月坐命的人，皆是性格溫和，情維起伏不穩定的人，也多半急躁不安定，還沒有等到說服協商結果，就容易放棄了，所以是不適合談判的人才。

命坐丑宮的日月坐命者，若有太陰化權在命宮的人，適合和女性展開說服。**命坐未宮的日月坐命者**，若有太陽化權在命宮的人，適合和男性說服。但他們都必須堅持到底才會有成功的機會。

陽巨坐命的人

陽巨坐命的人，不論命坐寅宮或申宮，因為命宮中的巨門星都是居廟的，因此他們自認是善於說服力與喜歡說服別人的人。其實不然！他們只是喜歡在是非口舌中生活、遊玩，不以為麻煩而已。

陽巨坐命的人多半沒有威儀，別人用不敬、不客氣的話語對待他，他也不以為意。在推銷哲學中，他是以『伸手不打笑臉人』的姿態，儘量以低下的姿態來推銷自己的商品。但是在說服協商中也如此的話，常會被人壓制或看扁了，反而得不到便宜。陽巨坐命的人，又喜歡佔小便宜，有小便宜便滿足了。雖然他們的競爭心也很強烈，但無法做大事、上大場面，這是他們人格特質上的缺點。有太陽星在他們的命宮，性格上較寬容、無所謂，也不特別注重尊嚴，思慮更不精細的。他們會把自己的小小技倆用在拉保險、推銷貨物，賺取一些衣食之祿上，在真正在大場合的協商中是不會見到他們的身影的。

陽巨坐命寅宮，有太陽化權或巨門化權在命宮的人，和陽巨坐命申宮有巨門化權在命宮的人，因主星太陽和巨門居旺、居廟，又帶化權的關係，是比較具有說服能力的人。其人在外表上較穩重具有威儀一點，對事物也有主控力。

武曲坐命的人

武曲居廟坐命的人，在政治性的議題和經濟、金融、利益方面的議題具有說服能力。當然，武曲居廟再加化權坐命的人，是更具有強勢的說服能力了。而且一定會得勝的。武曲居廟坐命時必坐命在辰、戌宮，對宮有貪狼星在遷移宮。人緣好，運氣好，也懂得應變，並且他們性格剛直，說話直接會切入正題，會從雙方利益的考量上來看事情，既能夠把握主要的原則，又能夠在小處圓融、喜捨，找出雙方都滿意的條件來快速達成協議。更重要的是他們非常重承諾，容易得到別人的信賴，所以在說服力上是一把好手。

武貪坐命的人

武貪坐命的人，也適合做說服高手，因為財星和好運星同時居廟位在命宮中，不論對指金錢或好運的敏感力都極強。外表是有威儀，在人際關係中也有特殊的交際手腕。他們不是特別的愛出風頭，某些人甚至話少很靜，但容易贏得別人的尊敬與友誼。在性格上又很強勢，也重言諾，得人信賴。故不論在政治上、軍事上、經濟、金融、利益，有關金錢方面的說服力都是具有成功威力的人。

蔣夫人宋美齡女士就是武貪坐命的人，在二次大戰後，陪同老總統　蔣介石先生參加雅爾達密約的制定。中、美、英、法、蘇並列五強，並廢除不平等條約。從很多舊時的紀錄片中，我們就可看到蔣夫人當的丰采和威儀，也可看到在說服協商過程中，她的交際手腕。至今仍被中外人士所景仰。這就是武貪坐命者的強勢風格了。

倘若命宮中再有武曲化權或貪狼化權的人，則說服的工作勢必要交給他們不可了。因為這麼具有說服協商致勝主控力的人，實在得之不易，捨他其誰呢？

武破坐命和武殺坐命的人

武破坐命和武殺坐命的人，絲毫不具有說服能力。

武破坐命的人，命宮中的武曲和破軍皆居平位，表示他們在競爭的企圖心上是有的，但是對政治、財務方面的競爭力差，而且破耗凶。這主要是因為其人在觀念想法上不入主流，不太懂得競爭致勝的竅門和程序規格所致。

其實一般武破坐命的人，都性格溫和，但十分頑固，有自己

獨特的想法，不同於流俗，但本命格是『因財被劫』的格式，對錢財和好運的敏感力差，也並不能領會別人的意圖和敏感的察覺別人內心的起伏變化，在思考計謀上有很大的缺失。雖然他們偶然會有犯險犯難不怕死的精神，但在真正說服力上的競爭中總是輸家，是不值得用來做說服力人才的。

有一個很明顯的例子即是：張學良先生就是武破坐命的人。

在他發動西安事變之後，表面上他所要求的條件對方都答應了。但是其人沒有自保的深謀遠慮，以致後來被囚禁五十年之久。武破坐命的人，在政治上要競爭贏是十分困難的事。他們和廉破坐命的人一樣，在說服過程中是終究為是非所糾葛，敗下陣來。倘若時光倒轉，讓張學良重新再次在西安事變中談判協商，相信結果仍會一樣。因為他們的天生性格導致思想模式的固定，所能做出的決定也相同，『成者王侯敗者賊』在先天的性格上已注定了成敗的模式，因此真是怪不得別人了。

武殺坐命的人，因為武曲居平，七殺居旺，武曲財星被殺星所劫，是正宗的『因財被劫』的命格。武曲是財星，也代表政治。居平，又被殺星所劫殺，自然在政治的角鬥中或金錢、利益的爭鬥中是極為貧弱的了。而往往在說服協商中的議題總不外乎政治、金錢和利益，因此他們是根本不具有說服能力的人。

曾有來學習命理的學生與我辯論說：在白曉燕綁票案的警局小隊長侯友誼就是武殺坐命的人，但是與嫌犯陳進興談判，讓他棄械投降而逮捕成功而升官，豈能說他沒有說服能力？

可是大家別忘了，先前已有律師謝長廷（現今高雄市長）與之先協商過後，有了協議，侯友誼再代表警方將之帶出。

謝長廷是巨門坐命的人，生於丙年，遷移宮有天機化權，能在人、事、地等方面因事制宜，是十分具有說服能力的人。沒有事前的協調溝通，那有後來的順利逮捕呢？況且謝長廷也因為此案成為選舉上的贏家，這就是天機化權，善於利用事物在變化上的主控權所發展出來的吉象。

武殺坐命的人，大多數是表面溫和，但內心固執，對自己認定的事物和理念很堅持。他們缺乏人際關係中的敏感力，也不見得有威儀和有智慧，只知一味的埋頭苦幹。在好運機會和財祿、敏感力上都很差。除非有擎羊在命宮，會智謀多、狡詐一點。就像前中國大陸領導人鄧小平一樣，具有『武殺羊』的命格，在爭鬥中起起伏伏，才得到最後的勝利，但也是辛苦萬分。而說服力的時效性，可能等不上那麼久，仍是不切實際用處的。

天府坐命的人

天府坐命的人，在『命、財、官』的格局上都是屬於『機月同梁』格。一輩子人生歷程都是平和、平順的。只要有薪水收入，就會有財、財富是積蓄而成的。天府單星坐命的人在『命、財、官』中都不可能有化權星進入，因為其財帛宮是空宮，官祿宮是天相的原故。但是天府有雙星坐命宮，例如廉府、武府、紫府同宮時，除了廉府坐命的人之外，武府坐命、紫府坐命的人，都可有武曲化權、紫微化權。凡有化權星在命宮，所跟隨之星居廟旺之位的人，就有極強致勝的說服能力，而且是混然天成的。

廉府坐命的人

廉府坐命的人，因為廉貞居平、天府居廟的關係，所以智謀、智慧、企劃能力都很差，只是很愛吝嗇自私的將錢財納入自己的財庫之中，很愛存錢而已。平常他們看起來話少，不愛言談。其實在自己的家中，或已經熟識的人中間，是十分嚕嗦的人，但不喜歡用在檯面上競爭的手法來公開說服。因為他們自己也感覺到沒有說服的能力與條件的原故。廉貞也代表政治和鬥爭，廉貞居平時爭鬥能力就不行了，也意味著會失敗，所以他們並不會直接與他人對陣廝殺。而採取迂迴政策，用交換條件或用金錢、利益買通對方。

連戰先生就是廉府坐命的人。以他當今的位置來說，求富、

求財的人很多，常需要說服力。但是他不會親自出馬說服，會讓別人代為說服，或私下用交換條件來主掌某些事情。因此這些說服也不會出現在檯面上，就算在政治競爭中也是如此，表面上看起來他好像是高高在上擺架子，實際上正是廉府坐命的人有懦弱的心態，無法自己獨立在說服力中致勝，才是真正的原因。

武府坐命的人

武府坐命的人，因為命宮中的武曲星居旺、天府星居廟，是較具有說服能力的人。

武府坐命的人，雖不像武貪坐命的人性格那麼強勢，但很會說理，用剛直、誠信來遊說別人。簡直像諄諄善誘一般引導別人

進入和他一致的觀念想法當中。當然，這種方法不一定很靈，有時對方是一個死硬派，或是根本是個奸佞的小人，奸詐無比，他也會功敗垂成的。

倘若武府坐命而命宮中有武曲化權的時候，就絕對可以言而有利，站在致勝的先機上了。這種命格的人，也較有威儀，有主控力，看得準政治及爭鬥致勝的方向。

現在是監察院長的王建瑄先生就是『武府加擎羊』坐命的人。有擎羊在命宮，自然足智多謀一點。但究竟是『刑財』的格局。

凡是人的命格中有『刑財』格局者，不但是刑財，財不多，會有困難和刑剋，也會對其人思想觀念上造成某種阻礙，更會在人緣際會上不順暢。所以我們會看到王建瑄先生在競選期中，以

聖人姿態以撿垃圾做訴求，呼籲做環保，打擊黑金。這固然是非常高尚的情操，但是別忘了！這是一場政治鬥爭，太軟弱的架勢，是得不到太多人的贊同的。為什麼不直接做個乾淨的環保鬥士，還要混跡在政治鬥爭之中呢？這就是『刑財』格局的人，有理也說不清的問題了。但現在做監察院長便是十分適合的了。

紫府坐命的人

紫府坐命的人，因為有紫微這顆帝王星，是具有威儀，受人景仰的。性格上富態穩重，尚且從不會遭受到別人無禮的對待。是極具說服條件的人。紫微也有萬事趨吉、呈祥的天然能力。因此有麻煩的事，有尖銳、不友善的說服場合，用此命格的人來參

與說服，是非常有利的事。

倘若紫府坐命，命宮中再有紫微化權的人，更是談判高手，有談必勝了。但是此命格的人，會在財帛宮有武曲化忌。若是參加一般的或政治性的談判尚可。若是參加金融、財務方面的談判，則必須有秘書、會計，或其他的專業人士先把數據、報表做正確，從旁協助，再由他來主導說服力才行，否則由他一手包辦，在錢財上就會有損失和出入了。

巨門坐命的人

巨門單星居旺坐命的人，都是喜歡表現說服力，又稍具說服能力的人。因為巨門是暗曜，又是是非多管之星，因此巨門居旺

坐命的人，會喜歡用反覆的態度，一而再，再而三的，或是一再重複，變化多端的解釋，來說服別人。磨功一流，欲達目的，絕不罷休。

巨門坐命的人，性格上多疑、挑剔、反覆無常，雖然說服協商已經結束了，也已有了定論，可能在他這方面也已答應了某些條件。事實上在他的心中仍然會保有空間，會認為即使已有定論，仍是可以改變的。只要他再次發覺對自己沒有太多的利益，有點划不來，就會再次重新翻案，又鍥而不捨的再投入說服的過程之中了。

所以你若和巨門坐命的人談判，就要弄清楚他們的個性。也要清楚說服協商是否是真的結束了，否則翻來覆去的，你可能會成為最後的輸家。

巨門坐命的人存在最多的地方就是仲介業和民意代表的業界了，全是靠口才吃飯的行業。當然以房地產仲介或汽車、保險、直銷等仲介業為最多。

以下是一則大家所常碰到的事情，提供大家參考。

有一位朋友要賣房子，才貼了紅紙條，便馬上有房屋仲介找上門來要求代賣房屋。那位仲介替朋友所估的房價高出這位朋友原本想賣的價錢高出一倍以上。當然這位朋友非常高興，心喜自己的房子居然這麼值錢。又想，別人也許真的這麼有能耐可賣出高價的房子吧！於是就將房子託給這位仲介賣了。

賣屋期間有很多人來看房子，主人很高興，但是仲介每次來說服協商的賣價，只有主人自己當初出價的一半。而且仲介每次來都威迫利誘的要主人賤價賣出，令屋主大為光火。但是仲介每日死纏爛打的，非要主人以低價賣出。主人不勝其擾，於是來找我訴說煩憂。

房屋仲介一向靠售屋的佣金酬勞維生，當初以高價估屋是他要取得信賴，取得主控權的技倆。當然他知道要賣得如此的高價是非常不容易的。後來仲介又以主人自訂價格一半來賣，很可能是有客戶出了這個價錢，或是仲介認為低價較易脫手。房屋仲介想快速了結拿到酬庸，自然逼迫屋主賤價出售了。主人認為仲介不講信用，非常生氣，是兩個人的觀念想法沒有交集。

基本上說服協商沒有『誰是誰非』，只有利益的進退得失而已！各位可以看看古往今來許多戰敗國，割地賠款，以致民不潦生。按照常理，只要懲戒始作俑者即可，為什麼讓老百姓一起受苦呢？但是不然，戰勝國也都沒有這等好心。不但在協商的時候，無法談誰是誰非，甚至有時候是黑白是非顛倒的狀況，因此說服協商只是『以利益做進退得失的依據』是一點也不錯的。

這位賣屋的朋友氣得不想賣了，想自己賣。但是有合約在身，並且合約上述明文寫著：倘若合約到期而房屋仍未賣掉，這位仲介有優先權再續約。

此時這位朋友已氣得張口結舌了，難道真的擺脫不掉這個難纏的仲介嗎？而且這個仲介是清早、深夜、不分時段的守候在他家中，要他簽下買賣契約，真是煩透了！而且彼此的關係已惡劣至極。這位仲介曾揚言，若是此次不由他來賣掉，今後這棟房子也別想再賣了！他有辦法不讓別人來買。看起來這位仲介非常鴨霸，房子也非賣給他不可了。朋友很痛苦，幾天幾夜睡不著覺，

於是來找我我想想辦法。

我告訴他，每個人的財祿是誰人也擋不住的。縱有麻煩、曲折一點，財祿也會進，你所學的紫微斗數現在就很有用了！紫微斗數在時間、空間、財利、人緣上的應用是非常合乎現代科技社會脈動的。

想想看！房子是這位朋友的，當然主控權就在這位朋友身上。這是誰也無法剝奪的。既然價錢不好，就打算自己賣吧！

首先我請這位朋友算出當月的流月出來。原來是巨門陷落的運程，當然是是非多，口舌不利的情況，也不適合賣房子。實際上合約上言明仲介有優先續約權，而房屋主人又不想續約，只有先將賣屋事先擱置幾個月。在合約尚未到期之前，堅持自己的原則價錢。除非有這個數目才會賣，否則免談，等合約到期後，言明自己的立場，絕不和其他人再有代售仲介的關係，等幾個月後，等這位仲介已轉移目標，不再來相擾，也等到自己財運運氣轉好時，再來自己賣。

到底何時才是賣房子的時機呢？等到三個月後，是天梁居廟的運程，剛好流月財帛宮是機陰在寅宮的運程，而太陰又是居旺的，這時候就是賣房子的好時機了。

朋友問：下個月是天相運，流月財帛宮是天府居廟，不是也很好，也可賣房子嗎？

我說：可是你要看看與仲介之間的問題解決了沒有？看他還會不會為難你呀，而且有一段時間的沉澱期較好，免得節外生枝。

事實也證明，朋友在與仲介的代售合約到期後，言明不再續約，仍受到仲介騷擾，並在外放話說，他的屋子不乾淨，所以沒人要。讓這位朋友很生氣，因為先前我就勸他要忍耐，要有沉澱期，不要做無謂的氣憤舉動。人的運程就是這麼走的，成事在己，走好運的時候，別人也擋不住。

終於在第三個月的時候，天梁運裡，這位朋友經由他的朋友介紹賣掉了房子，得到了自己滿意的價錢。

事後，這位朋友問我說：『天梁運真是貴人運，又是足智多謀的運程嗎？真是太神奇了！』

是的！的確是！天梁居廟的運程不但有貴人相助，也是其人本身具有智慧，懂得說服力技巧，能站上成功說服力的有利時間。

巨門居旺坐命的人，口才很好，但不一定會有威儀。有巨門化權在命宮的人，才具有威儀和說服的主控力。巨門居旺坐命的人，說話都具有煽動性。但最能主導煽動的，則屬巨門居旺化權在命宮的人。這真是死的能說成活的，也能讓人堅信的命格的人了。天生有這種技巧能耐的人，就是說服力最佳的人才，是誰人也無法擋的。

有時候，只要是命盤格式中出現巨門居旺化權（癸年生的人），又剛好走到巨門居旺化權的流月，流日時，也具有這種特殊的能說服人、煽動人的能耐。不過時間不長，只有一月或一日的時間效力而已。

巨門居陷坐命的人，會講話不實在，東拉西扯，沒有重點，又愛扯是非，在說服中是胡攪蠻纏，不講道理型的人。有化權也是一樣，一味頑固的胡攪蠻纏。倘若原本就是理由不充足或理不

正，說服協商看起來會輸的狀況下，用這種巨門陷落化權的人去用歪理胡攪蠻纏，有時候，搞不好，碰到對方對手不強時，也會歪打正著的碰贏了。但這個機會不太多。而且若是此人正走巨門陷落化權運時，也就不會那麼幸運了。必須是此人正走好運、吉運才能成功。

陽巨坐命的人前面已談過了。

機巨坐命的人

機巨坐命的人，命宮中的天機居旺，巨門居廟，非常聰明、口才又好。在生活中的常識很豐富，喜歡學習，但本命是『破蕩格』的人，一切靠自己，白手起家，自視甚高，有些驕傲。人緣不太好，得理不饒人，這樣的人，在說服過程中原本就是氣燄高張，口若懸河，表示有極強的說服能力，但是並不一定能讓人心服口服。因為言詞尖銳，人緣上有滯礙，所以往往形成說服力上的障礙。通常是說服協商不下去，有爭執、爭吵的狀況，而對方要求換人重新展開協商的情形。所以機巨坐命的人，常空有說服別人的能力，卻無法施展，這是不具威儀和人緣的結果。

倘若機巨坐命的人，命宮中有化權、化祿，或多一、兩顆小的桃花星，如紅鸞、天喜、沐浴、咸池的話，在說服過程的機智中也會多一點親和力，能潤滑說服過程中緊張的氣氛，也能不受人排斥了。

同巨坐命的人

同巨坐命的人，是根本沒有說服能力的人。而且是非多，頭腦不清楚，無法接近中心議題，或常說些言不及義的話語。在威儀上沒有威儀。在智慧上沒有智慧。別人根本不會把他放在眼裡與之協談。並且在協談場合是容易受到欺凌的人。

同巨坐命的人，『財、官』二位是：財帛宮是空宮，官祿宮是天機居平。沒有長時間工作能力的訓練（因為工作能力不佳），就算是在一般生活上小事情的說服力，也常處於敗處。再加上他們喜歡貪小便宜，因小失大的情況很常見。又膽小怕事，不能負責任，別人也根本不會請他去出席說服協商。因為沒有人會相信他有這個能擔當或是處理大事的能力。

文昌或文曲坐命的人

文昌坐命的人，算是空宮坐命的人，要看文昌是否居旺，也要看對宮相照的是什麼星，才能定出此人是否具有說服能力。**文昌在巳、酉、丑居廟，在申、子、辰宮居得地之位**，在這些宮位坐命，對宮又是強勢星曜的人，才具有談判能力。對宮倘若還具有居旺帶化權的星曜相照的人，更是具有先天優勢說服能力的人。

文曲坐命的人，也是空宮坐命的人，也必需看對方相照的是什麼星？又要看文曲本身的旺度，而決定其人的說服能力。

但文昌、文曲始終是時系星，其人的性情多變，耐力不足，若參與說服協商上的爭鬥，必須有很好的後援、後盾不可，其人自己本身常因情緒的起伏，而不想再鬥下去，而想快點結束，最後無法有完美的結果。

文昌、文曲在丑、未宮是雙星同坐命宮的。倘若昌曲坐命丑宮居廟，對宮又是武貪相照，就會是具有說服能力的命格了。

另外，有一種『明珠出海』格，主貴的命格，是昌曲同入命宮在未宮，或有左輔、右弼四星同宮（四月卯時生的人），或有左輔、右弼相夾（五月、十一月卯時生的人），因對宮相照的是同巨，其人雖主貴，有大前程，但因性格怯懦，是不適合說服協商的人。

比較適合參與協商能力的昌曲坐命者有：①文昌坐命酉宮，對宮有機巨相照的人。②文曲坐命酉宮，對宮有機巨相照的人。③文昌、文曲同坐命丑宮，對宮有武貪相照的人。④文昌、文曲同坐命未宮有武貪相照的人，略次。⑤文昌坐命申宮，有陽巨相照的人，更次。⑥文曲坐命申宮有陽巨相照的人，更次。

祿存坐命的人

祿存坐命的人，通常是性格保守，自給自足，不喜歡與人多來往，也不喜歡紛爭，不願意參加說服協商的人。但是若以工作上的需要或有人逼他參與說服協商，則有下列人選是可以考慮的。**例如：**①祿存坐命酉宮，有機巨相照的人。②祿存坐命申宮，有陽巨坐命的人。

擎羊坐命的人

擎羊坐命的人，基本上仍算空宮坐命的人，要看主星旺弱和對宮相照的星曜為何才能定出，是否有說服能力。

擎羊有兩種旺度，不是居廟，便是居陷。在辰、戌、丑、未宮居廟，在子、午、卯、酉宮居陷。

擎羊是刑星，居廟時，性格強勢，有化煞為權的能力，而且足智多謀，再加上對宮星曜居廟旺時，就能具有良好的說服能力了。因此擎羊坐命丑宮、未宮，並且有武貪相照的命格，是最具有說服能力，如政治、軍事上的談判，真是一把好手。但擎羊究竟是刑星，對於錢財、做生意、金融方面的說服協商則會失利。

倘若是擎羊坐命辰宮或戌宮，對宮是機梁相照的命格，雖也

喜歡勾心鬥角的來談判，但因相照的天機居平主故，會有智慧不足，想得太天真之故而說服不成。不算是好的說服人才。

擎羊坐命在子宮、午宮、卯宮、酉宮為居陷坐命的人，談判多半不成功。他們是陰險狡詐的人，會用陰險狡詐的方法來抵制或制裁別人，不會在說服協商桌上來實際針鋒相對。

陀羅坐命的人

陀羅坐命的人，基本上都有與人想法不同，頑固、做事不順、拖拖拉拉把一件事情扭曲變化的來想，常做一些親者痛、仇者快的事。又容易輕信陌生人。倘若與他熟悉的人，他反而不賣帳，派一個從未謀面的人與他說服協商，反而有機會。他常會遭人設下圈套而失敗，又自己找理由來脫罪，把罪過推到別人身上，因此只要命宮中有陀羅星的人，不但有些笨，也根本不適合做說服力的人才。

火星、鈴星坐命的人

火星和鈴星坐命的人，都是急躁性格的人，不善於應付繁瑣的、細節多的說服協商過程。鈴星坐命的人比較聰明、鬼怪，有時候會把一些說服協商的內容轉移到其他事務上去，讓對手錯愕，手忙腳亂一番。但火、鈴坐命的人，基本上都不是說服協商的人才。

劫空坐命的人

命格中有地劫、天空坐命的人，又不論地劫或天空是在命宮，或在遷移宮相照命宮的人，都不具有說服力才能。**因為地劫、天空會把財祿、運氣全都劫空光了**，根本沒有機會讓他發展說服力。並且他們在性格和想法上很清高，也帶有忽略主題、看不清楚真實狀況的問題。若請這種命格的人來幫忙說服協商，只會幫倒忙，真是一點致勝的機會也沒有了。

法雲居士⊙著

想要自學紫微斗數不求人？

世界上有三分之一的人有偏財運，偏財運會增人富貴，也會成為改變人生的轉捩點，自己有沒有機會在人生中搏一搏呢？

本書是買彩券、中大獎的必備手冊，神奇的賺錢日就在眼前！喜用神的神財方也是促進您的偏財運爆發的方位喔！

第五章　天生缺少『說服力』的人

不具有說服能力是指其人在說服協商中容易站在敗地，贏的機會少之又少的人，稱之。在這些人當中，不見得他們不喜歡說服協商，但他們對自己的瞭解少，對敵方的瞭解更少，又沒有威儀，或不受別人尊重，有時候會受到別人強勢的欺壓或設下圈套，而不能自拔。某些人也因為是非多、擺不平，愈攪愈亂。

命宮中有化忌星的人

命格中有化忌星的人，和命宮主星居平、居陷的人，命宮中煞星太多，又居陷的人，命宮中是福星、財星、祿星居陷的人，皆是不具有說服能力的人。

命宮中有化忌星的人，不論是太陽化忌坐命、太陰化忌坐、廉貞化忌坐命、巨門化忌坐命、天機化忌坐命、文曲化忌坐命、文昌化忌坐命、武曲化忌坐命、貪狼化忌坐命。亦或是命宮中有雙星，其中一個星帶化忌的，例如廉貞化忌、天府同坐命宮的即是。或天機化忌、太陰同坐命宮的也是一樣。在這些命格只要有化忌星入內，其人性格、思想中便會產生某種與眾不同，固執、扭曲、扭天別地、人緣不好、做事不順、容易惹是非、主題不正確，和別人總是唱反調的作用，自然不容易主導說服力的成功了。

太陽化忌

例如有太陽化忌在命宮的人，不論太陽是居旺或居陷，只要有化忌，便和男性多是非口舌，在男性社會中失去競爭力，也惹男性討厭和杯葛。自然讓這樣的人出去說服協商，豈不自找麻煩。而且太陽是官星，又具有領導力，此時喪失了這些領導的優勢，連財富、主導力都失去了。若是太陽居陷又帶化忌時，是官非嚴重，極容易有牢獄之災，或是在檯面下受到排擠，一生運氣不好的人。

太陰化忌

有太陰化忌在命宮的人，也不論太陰的旺弱，此人會和女性多是非口舌，在女性團體中沒有競爭力。而且太陰又是財星、陰財星，又屬於人緣感情方面的敏感之星，失去了這些，簡直像說服力的主要動力馬達都毀壞失去作用了，繼之而來的是無窮的是非口舌之災禍，豈不讓人怨嘆！

廉貞化忌

有廉貞化忌在命宮的人，廉貞是官星、桃花星、政治、智謀和爭鬥之星。有廉貞化忌在命宮的人，不論旺弱，政治、智謀都

是低的，頑固扭曲的，而且人緣上多是非，也容易惹官非、官司，或鋃鐺入獄的危險。

命宮中有廉貞星的人都喜歡與人交際，有廉貞化忌時，則不喜歡交際，因為交際總是為他帶來是非麻煩，或被告，有法律官司等問題，情勢弱勢，故也不喜參與說服協商。

就像現今國民黨榮譽主席連戰先生是廉貞化忌、天府坐命戌宮的人（丙年生），二〇〇〇年時有『三一九』政黨輪替，成為在野黨之後，想建議組聯合政府。在第一次與新總統陳水扁先生見面時，即遭受反制，像挨了一記大耳光一般。這就是具有廉貞化忌在命宮的人不具有說服能力的鐵證。因此他和任何人的說服協商，都要靠屬下去推動、協調，否則會輸得很難看，而且頻遭是非糾纏、牽連，得不償失。

巨門化忌

有巨門化忌在命宮的人，口舌是非多，災禍多。巨門是陰精之星，是隔角煞，代表暗地裡潛藏的危機。化忌是計都星，是多咎之星，也主是非災禍。這兩星性質相同，簡直像雙胞胎一樣。有巨門化忌在命宮的人，口舌是非比別人多一倍，但他們會習以為常，以為是非災禍就是他們的人生，而不以為意。他們喜歡說服協商，就是失敗了，屢戰屢敗，仍是認為還有機會反敗為勝。他們容易向人認錯，但從不真心以為自己錯了，也不想瞭解自己錯的地方。只是自以為意見不同罷了，再想方法去說服對方。也從不考慮到自己的理由是否有說服力。

凡是命宮中有化忌星的人，其人不論是對金錢的觀念，對人際關係，和人相處的態度，以及做事的方法和看法都與一般常人不同。這也是他們容易被是非糾纏的原因。**而具有巨門化忌坐命的人，這種差異性更大。**假如又是巨門陷落加化忌坐命的人。其金錢觀、價值觀、人緣、處事的差異性就更形成無以覆加、是更不理性的。

巨門陷落加化忌在命宮的人，心態邪惡，會陷害、說謊，搞一些亂子讓別人辛苦。他們的個子矮小，沒有威儀，通常是一個被人瞧不起的人。他會頻頻做出一些惡毒的事來，再替自己找藉口。有道是邪不勝正。在陰險毒辣的說服協商中也許小人會一時得勝。但在正式場合，大型政治、商業、金融性說服協商的場合，是很難看得到這種人的。因為命格太低，根本爬不上這種高層次的檯面上。

天機化忌

有天機化忌在命宮的人，也是口舌是非多。天機主智力方面和身體活動力方面的快速運轉。有化忌時，則頭腦不清楚，聰明度不夠或頭腦、想法用不對地方，以及有極端怪異頑固的想法，自以為是，也根本不會接受別人的勸誡。並且在身體的活動力上也差，他們不愛動，身體會造成極端肥胖的體型。就連天機坐命丑、未宮的人，本來是瘦小的個子，但有化忌時，也會是一個腦滿腸肥的大胖子了。若再加陀羅同宮，此人就會又胖、又笨、又頑固、又懶，但你還常常看到他在動腦筋想點子，卻不知他到底打的是什麼主意？一肚子鬼怪，但在工作表現上卻很糟，常做笨事，又怨天尤人。因此這個命格的人，一般在工作場合很難受到重用。人緣不佳、儀表也差、言談乏味，根本不會有人想到要他代表去出席說服協商。

文曲化忌

命宮中有文曲化忌的人，是臉上有大的黑斑或痣，在言談口才上很拙劣，常出錯的人。這種人也會沒有才能，也缺乏才藝，與他相處也會發現此人是個乏味的人。通常有文曲居陷化忌在命宮的人（文曲化忌在寅、午、戌宮），會較靜，不太愛講話，也不喜歡人多的地方。因為他們不會唱歌、跳舞、繪畫，也不會講笑話，很怕面對人群，有些孤獨。才藝差，一出口便有錯，常有是非，引起眾人譁然，或引起公憤，或遭人無情的痛罵、抵制。

因此也是個沒有威儀、沒有智慧和才能的人，當然更不會有人自找麻煩的請他去幫忙說服協商了。

有文曲化忌在命宮的人，就算是為自己去說服協商，也是必遭敗北的，因此只能請他人代為遊說了。文曲是臨時貴人，有文曲化忌時，沒有臨時貴人，或有臨時貴人出現，卻帶來災禍，不吉。或其人根本認不出誰是臨時貴人，也無人幫忙。

武曲化忌

有武曲化忌在命宮的人，武曲是財星，有化忌時，自然是和錢財有關的是非災禍了。有武曲居廟居旺帶化忌在命宮的人，是錢財數字計算能力不佳的人，性格份外頑固，喜歡做主、做決定，但常出錯，最容易和人有金錢上的是非，不是把錢借給不該借的人，而遭損失。便是會有進財困難，多變化的問題。有武曲居平帶化忌在命宮的人，例如『武曲化忌、破軍坐命』或『武曲化忌、七殺坐命』的人，因為財本身就少，又多是非、爭鬥，因此賺錢很辛苦、困難，也會因錢財問題和人衝突，持刀相向。**這就是『因財被劫』、『因財持刀』的命格了**。有這些命格的人，多半其人長相猥瑣，個子高，沒有威儀、智慧、外表，慳吝無財，又特別愛財。錢一到手，很快的便耗光了，永遠是窮兮兮的樣子。所以有關金錢、利益方面的談判，根本不會有人找他幫忙說服協商，害怕被他知道有機會可接近錢財了，而圖謀不軌，而且即使找他幫忙，也幫不上好忙，事情反而會弄糟，帶來禍害，所以最好敬鬼神而遠之。

貪狼化忌

有貪狼化忌在命宮的人，都是人緣關係不好的人。同時貪狼是好運星，有化忌，則沒有好運。當貪狼居旺化忌時，此人只是孤獨一點，不喜與人交往，思想頑固，活動力差，但還具有某種程度的聰明度。只是想法不同於流俗，有時很清高，不合實際，也會做些吃力但不討好的工作。在人際關係的處理上顯得拙劣而已。在該拒絕別人的時候，不太會拒絕別人，在不該拒絕別人的時候，又堅持、保守，因此對好運的敏感性差，也會阻礙自己的前程。通常他們性子急，又不喜於交際，在談判的時候要速戰速決，不喜歡人多的地方或不耐長時間的談判，於是他們寧肯吃虧或做某種限度的賠償，以求快速和解。這樣的人，有時有理也成

為沒理。當然不適合談判。

貪狼陷落化忌坐命的人，包括貪狼化忌在寅、申宮居平坐命的人，和『廉貞、貪狼化忌』在巳、亥宮坐命的人。這些命格的人，是人際關係很差，外表長相就令人討厭，但是因為有廉貞相照或同宮的影響，他們還特別喜歡和別人來往或愛湊熱鬧。常遭白眼，也不以為意。沒有自尊心。自尊心也常遭人踐踏。他們也十分好色，尤其喜歡和異性有不尋常的關係，藉以開拓人際關係，但往往多招是非及災禍，沒有人看得起他們，所以不會成為主事者會挑選的說服協商人才。就算他們為自己說服協商，也是胡纏蠻纏，亂七八糟、是非不明的，旁人根本都搞不清楚原始事件的原委了。這些人比較會存在於軍中或警界，職位也不高，如果做文職，就會是無業遊民或無賴漢了。

其他不適合說服協談的人

除了命格中有化忌星的人不具有說服能力之外，命宮主星居陷、居平的人，也是不具有說服能力的人。例如命宮主星是福星天同居平或居陷的人，雖然巨門星會在他們的『命、財、官』或『夫、遷、福』等宮中出現，表示所處的環境爭鬥多，但是他們性格溫和、軟弱，又較懶，在競爭上沒有太大的表現。天相也是福星，陷落時，所遇到的環境是破破爛爛，爭鬥多的環境，其人膽小怕事，也沒有競爭力，而且在智慧上較鈍拙。原本福星坐命的人，競爭力就不好了，陷落時又無福力相照，自然能力更差，沒有說服競爭的能力了。

財星陷落、居平

命宮中有財星陷落、居平時，例如武曲居平、太陰居平、居陷，武曲居平，必是武殺、武破同宮。有這種命格的人，人緣不好，剛愎自用，因對財失去了敏感力，自然對利益、吉運也失去了敏感力，更沒有方法去找到或達成屬於自己的利益，因此競爭力差，自然說服力能力是不具備的了。

運星陷落

命宮中有運星陷落時，指的是天機、貪狼二星陷落時。天機星是運動快速，又變化多端的星曜。貪狼星也是變化、運動快速的星曜，貪狼且是好運星。此二星陷落時，完全沒有好運機會了，也失去天時、地利、人和等一切的條件，故根本不具有說服協商能力。

官星、貴星陷落

命宮中有官星、貴星陷落時，指的是紫微居平、太陽陷落、廉貞陷落、文昌、文曲陷落時，其人的『天時、地利、人和』的部份也是完全不好的，即使多做也無益，總是容易落敗，故不適合說服協商。

煞星太多

命宮中煞星太多的人，或煞星又居陷的人，會用煞星帶來不吉的關係，造成生命歷程中競爭多，而本人時運不濟，學習能力不佳，能力不好，人緣關係不好，天時、地利、人和的條件也完全有瑕疵，根本沒有說服力，自然得不到別人的擁戴，也是沒有說服能力的人了。

如何掌握旺運過一生

法雲居士⊙著

這是一本教您如何利用『時間』來改變自己命運的書！旺運的時候攻，弱運的時候守，人生就是一場攻防戰。這場仗要如何去打？
為什麼拿破崙在滑鐵盧之役會失敗？
為什麼盟軍登陸奧曼第會成功？
這些都是『時間』這個因素的關係！
在您的命盤裡有哪些居旺的星？
它們在您的生命中扮演著什麼樣的角色？
它們代表的是什麼樣的時間？在您瞭解這些隱藏的契機之後，您就能掌握成功，登上人生高峰！

第六章　具有『說服力』的時間

大家都知道宇宙間的歷史，都是由『時間』這個因素來組合及堆積而成的。

在每一個人的人生歷程中，所出現的每一件事情，不論是好是壞，是吉是凶，也都是和『時間』這個『因子』形成交叉點，因此我們常稱之『時空流轉』。所以也可以說，人生一生的經歷，也就是無數個『時間』的點所累積形成的了。

另外，世界上一切事物的成敗，都在『時間』這個關鍵點

上。在紫微斗數中，所有的時間，尤其組合的星曜來代表其不同的意義。只要你懂得解讀，**則在人生中所經歷過每一件事情過程中的每一年、每一月、每一日、每一小時、每一分、每一秒，我們都能十足的掌握了。**

但是在我們人生中所有的時間階段裡是有起、有落、有吉、有凶、有平順、有運氣緩慢滯留，逐一不同的。因此我們要根據所遇的事情來選擇時間，再加以應用，這才是能趨吉避凶的方法。例如說在說服協商時，就有許多時間，是適合用來幫助說服成功的有利時間。很多星曜在幫助說服力上的方法、方式不相同，只要有利於說服協商，都算是有利的時間。現在一一來說明。

在這裡我首先要說明的是：我們在選擇說服協商有利的時間時，首重說服協商當天，即時的運氣。**也就是以流日、流時的運氣為主。**流年、流月的運氣，以至於大運的運氣當然也很重要，但是流年、流月的運氣代表當時屬於你的大環境的運氣，而大運的運氣就是更外圍的運氣了。因此一個人最首當其衝的是當日、當時的運氣，就像左圖中所顯示的這樣。

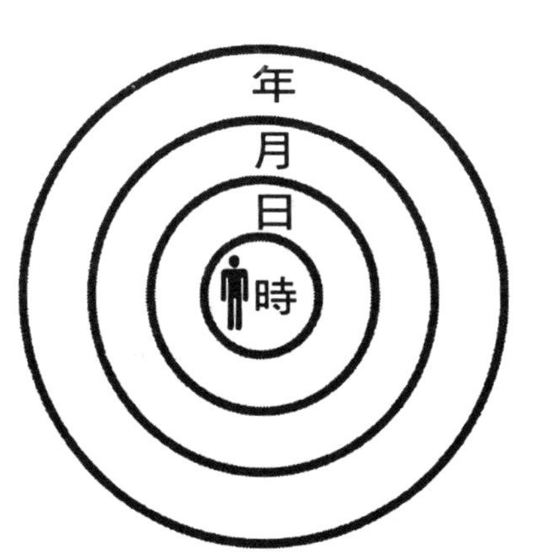

首當其『時』的運氣是正落在人身上的運氣，『日』的運氣緊緊貼著人，包圍著人。『月』的運氣和『年』的運氣層層籠罩著人，像地球上的空氣層一樣。大運有如地球上的大氣層。我們從命理學的角度來看大運、年、月、日、時對人運氣的影響，就是如示意圖一般的狀況。這種環環相扣、層層包圍的狀況，形成了每一個人、每一個時間的運氣法則。

很多朋友常對大運、流年、流月、流日、流時，那一個重要的問題，現在可以得到解答。每一個運氣都很重要！端看你要問的是什麼樣的事情？求的是那一個時間點？範圍有多大？

喜歡算命的人常聽到一句話：『大運好不如流年好，流年好不如流月好，流月好不如流日好，流日好不如『正當其時』

好！』因此『正當其時』就是最好的運氣了！由此也可知凡事大家最喜歡的仍然是流時好的運氣。說服和協商也是注重流時好、流日好的運氣，這樣才容易談判成功，協商融洽完成，**因此流時、流日在說服力上是非常關鍵、重要的『時間』因素。**

第一節　口才特佳的『說服力』時間

要使說服協商致勝，大家第一件事便想到口才的問題，大家都認為：口才好，便佔上風了，而且會快速的有了說服力勝利的結果了。所以大家一定會同意巨門居旺的時間是說服力中最重要的時刻了。

用巨門居旺的時間來說服協商，最重流時、流日。但流年、流月也必須是吉星居旺才行。

每個人在走巨門居旺運程時，不論是年、月、日、時，口才都會精進。在說服協商中，我們比較重視流日和流時的運用。在時間上的範圍縮小了。因此在說服協商的當日，和說服的時辰的選擇上，剛好在巨門居旺日和巨門居旺所在的流時上，就是最好的選擇。不過呢？仍不能忽略流年、流月的吉度。**因為流年、流月代表的是大環境的影響，這是不能不注意的。**譬如說，流年、流月是太陽陷落的運程，雖然流日、流時是逢巨門居旺的時間，仍是會有鬱悶，喜歡逃避，躲在人後，不願意面對事情，自己感到周圍的運氣不算好的狀況，縱然有口才犀利的才華，往往會欲言又止，或話講到一半，爭到一半又退縮、放棄了。這就是其人自己感覺到大環境中屬於自己的運氣並不是很好，而在心中有畏縮、灰心、想放棄的念頭所致。因此流年、流月仍是對人有一定程度的影響的。

最好的運用巨門居旺的時間來說服協商的，當然首推有吉星居旺的流年、流月，再有吉星居旺或巨門居旺的流日，再有巨門居旺的流時了。

巨門在紫微命理中所包含的意義很多，它代表一種能言善道、巧辯，能順應時勢變化的機變型的口才。也代表一種起伏性的是非。平常溫和的人，見是非視如災禍。但某些人並不畏懼是非，甚至喜歡有是非混亂的場景，**在混亂中可以得財、得利。**所以巨門也代表是非混亂。巨門更代表一種爭鬥，**是混亂型的爭鬥，**是吵做一團的爭鬥。也是陰險、陰謀多、反覆複無常、反反複複，一會兒正、一會兒邪，正反不一，是非不明，情況混沌不清，**常在暗中有變化的爭鬥**。這是因為巨門為暗曜，又為隔角煞的特質使然。**所以巨門居旺的時間雖然有利於舌辯競爭**，但其人在本性上是不正派的，愛取巧、善變、為利是圖、不守規則、愛鑽漏洞、愛計較小節、小利、不識大體、猜疑心重，而自己卻不守規範約束，不滿現狀，得寸進尺的，**也趨向不是用正常方式，規律來解決事物的情況**。

因此在用巨門居旺的時間在來應用時，你就要注意到這個巨門所在時間的特性問題了。除非你已認定一定要贏，無論如何，欲達目的不擇手段，也不會罷休才能用，否則你若想用正常管道，又要守法、講理、一板一眼來與人爭辯，以為輕鬆的用口才來與對方『辯理』，就會贏的話，你就是大錯特錯的大傻瓜了！

巨門居旺在『命、財、官』、『夫、遷、福』的人

當然在你要運用這個巨門居旺的時間時，你就更要有十分十全的耐心，來應付此時的混亂，和長時期的爭鬥，甚至是惡言相向，也可能有全武行上場的情況。我前面說過，某些人是完全不怕這些狀況的，這些人就是巨門在『命、財、官』、『夫、遷、福』等宮中的人。因為巨門所代表的是非爭鬥就是他們生活中的一部份，早已習慣了，也與是非爭鬥共存共榮了。這些人包括了命宮中有巨門坐命的人，命宮中有天機坐命的人，命宮中有天梁坐命的人和命宮中有太陰坐命的人、以及命宮中有太陽坐命的人等等。這些人應付是非口舌、爭鬥的方法逐一不同，但都各自有

一套歷練。所以倘若本命盤中有巨門居旺時，就十分懂得利用。也是最能掌握巨門居旺的時間來辯論、爭鬥，用來說服協商致勝的最厲害的角色了。

一板一眼怕麻煩的人，不適合用巨門居旺的時間來說服協商

倘若你是一個害怕麻煩的人，例如武曲坐命的人、貪狼坐命的人、紫微坐命的人、天府坐命的人、七殺坐命的人。你就不太適合利用這個巨門居旺的時間了，否則你會煩死了！因為冗長的口舌爭鬥和情勢多變，常直轉而下，或討論多時又回到原點再重新開始繼續纏鬥，讓你覺得沒完沒了，像是永無止境的議題，讓你厭煩不已。而想急速的逃離現場，寧可放棄爭鬥，放棄說服協

商了。你會在奇怪這些人搞什麼鬼？為什麼老是在做反反覆覆的事情？好像頭腦不清似的。倘若你真以為他們頭腦不清，那你就大錯特錯了！因為他們正是用這樣多重的反反覆覆，把別人的頭腦都搞昏了，他們自己卻很清楚自己的利益在那裡。正當別人頭昏腦脹，或是不耐煩長時間的耗守而退出的時候，此時正是他們在收穫餘利的時候。最後的勝利就順理成章的成為他們的囊中物了。

因此在運用巨門居旺的時間時，沒有耐心的人不能忍受長時間爭吵不休。愛面子、講氣質、講涵養、講氣派、有高高在上心態的人，就十分吃虧了。你若是沒有這種體驗，我奉勸你最好別寄望，或運用這個巨門居旺的時間，而另找其他適合你的時間。

巨門居旺化權的應用

命盤中是巨門居旺化權的時間，能掌握說服力，把說服時間縮短

倘若你是癸年所生的人，在你的命盤中又有巨門居旺加化權的時間。在這個時間中，你就很能掌握住話題、題材，抓得住人心，口才具有煽動力，會控制現場的氣氛，把參與說服協商的人變成你的聽眾，又能掌握聽眾情緒的起伏，將他們導向你早已設定的目標。所以有這種巨門居旺帶化權在命盤中的人，若不能掌握到這種好時間的話，就是說服協商桌上第一把好手了。而且在你的主導下，你也可把說服的時間縮短，早一點達成有利於你的協議。

巨門居旺化祿的應用

命盤中有巨門化祿的時間中，最愛講話，廢話也會多一點

命盤中有巨門居旺帶化祿的人

（辛年生的人），在巨門居旺化祿這個時間中（包括流日、流時），你是話比較多的，也可能是聒噪的，講話喜歡多方比喻，也喜歡繞彎說話，說話不直接，有些人是廢話多一點的情形。這樣的情況，可以使說服協商中爭鬥的氣氛輕鬆一點，不那麼緊繃。此時你可能講一些笑話或自我解嘲的話語，讓對方放鬆警戒心，可給說服協商增加潤滑劑，這是有助於說服協商順利進行的。但是你也會做出了太多的解釋而拖延了整個協商的時間，讓結果遲遲不能呈現。因此在命盤中有巨門居旺化祿的時間，又想利用這個時間說服別人的人，你必須

要注意並學會控制時間，否則時間飛逝，很快的會進入下一個時辰，某些命盤格式的人，下一個時辰也是吉星，運氣也不錯。而有些命盤格式的人，在進入下一個時辰時，運氣就不好了，說服力最後的結果就不能保證會贏了，很可能會失敗。例如辛年生命盤格式是『紫微在巳』、『紫微在亥』的人，命盤中陽巨的時間中有巨門居旺化祿，而下一個時辰是天相陷落，若談判時間拉長，進入下一個天相陷落的時辰時，談判成功的機率便不佳了。就算談成了，也是損失慘重或自己完全沒有立場的，所以要小心為妙。

好運隨你飆

好運跟你跑

巨門陷落化祿時間的應用

普通巨門陷落的時間，都是極凶惡的、災禍多、是非口舌的困境也不容易解開的。但是我認為在辰宮、戌宮，代表辰時、戌時這兩個時間內的巨門陷落化祿，或是在丑宮、未宮，代表丑時、未時這兩個時間內『同巨同宮』中有巨門居陷化祿時，只要你是耐磨、耐煩的人，你仍然有機會經由長時間的磨難、忍耐對方的攻擊、責難，只要你熬得下去，熬到了下一個時辰，是天相的時辰或武相的時辰，你就能掌握說服協商上的勝算了。這主要是因為在**辰、戌宮的巨門化祿，對宮有居平的天同星。在丑、未宮的天同、巨門化祿有天同同宮的緣故。**天同雖是居平、居陷的，福力不足，但仍然是一般溫和、懶散的星曜，在這些時間內，你會帶有懶洋洋的味道，看起來好像很軟弱，競爭力不強的樣子。巨門陷落有化祿的時間內，像會廢話多，又瑣碎、碎嘴，容易招來許多人對你的批評和不滿。但是你有極好的耐性、不怕重複解釋的麻煩，你會用溫和、友善、謙卑的態度，很會翻來覆去的解釋，也很會拗來拗去的來講自以為是的道理。最後對方為你的好脾氣，不怕麻煩的耐性給感動了，決定不再為難你，也不再提問題了，於是勝利就屬於利用巨門居陷化祿的時間這一方的人了。

上述的時間為何在談判中會成功？就是在於此人此時的環境中是溫和的。自己又沒有脾氣的、耐磨的、不怕麻煩的，本性帶有嘮叨的，看起來好像有很願意配合對方的誠意。因為長時間的耗在翻來覆去、重複解釋上，對方不敵，寧可撤守了。又基於你

是溫和、謙卑、有誠意的人，故自動撤守，心甘情願的聽你的，讓你贏了。

巨門居陷化權時間不可用

倘若是巨門居陷化權的時間反而是不好的，因為此時，你是心態頑固守舊的，想要以講話、口才來掌握情況，掌握住對方。但你嘮叨又碎嘴、廢話多講話不中聽，又霸道，很容易引起對方的煩感。此時你縱然溫和，但絕沒有謙卑的態度，而且常語帶傲慢，自以為是。有可能常因一句話引起對方的撻伐，招惹了眾怒。因為化權不像化祿那樣有人緣、油滑。化權星是要掌權的，是要把主控力握在自己手上的，是頑固的，是以自為高高在上，具有威嚴的，是不聽別人進言的，是獨裁的。

有居陷的巨門和化權一起，嘮叨、廢話多、頻惹是非的狀況，再加上頑固、要掌權，這兩種情形一起出現在人的身上，當然是其人能力不足，又更增口舌是非災禍，自己看不清事實，不自知實力如何，而妄想掌控別人，這樣的情況說服力會贏嗎？

第二節　貴人運特佳的『說服力』時間

我們都知道，人在走天梁運居旺的時候，就有貴人運。走居陷的天梁運時就沒有貴人運。所以現在我們泛指貴人運的時間，都是指在天梁居旺的時候。

在宮位中有天梁星居旺的情形所代表的時間，是具有許多特

質的。例如此時與長輩和比自己年紀大的人緣份好，能得到這些人的照顧，這也是為什麼天梁運容易升官的原因。因為升官需有長輩、長官的提拔照顧才能成的。天梁的時間內，人本身也重名譽、名聲，願意往上爬，所以『天梁』是『陽梁昌祿』格中的一顆重要的星曜，缺了它就不成格。再者，天梁主蔭福、蔭神庇佑，考試、升官都需要蔭神的庇佑，要本命帶蔭福才能一舉高中。命盤中有天梁陷落在巳、亥、申、酉宮的人，考試、升官都是不順利的。

另外，天梁星具有智謀、辯才，是屬於軍師級的長才。天梁星為什麼會具有口才呢？我們看在每一個命盤中所有的天梁坐命者的夫妻宮皆有巨門星。夫妻宮代表人內心深層的感情模式。**我們由此人的夫妻宮就可看出此人一生最大的心意、最在意的意念**

是什麼?在他內心最拿手的想法是什麼?

夫妻宮有巨門星，都具有口才，且好爭鬥，有智謀

命宮中有天梁坐命者的夫妻宮都有巨門，巨門有旺有弱。例如『天梁在子、午宮』坐命的人，夫妻宮的巨門星是陷落的。『陽梁坐命卯、酉宮』的人，夫妻宮是同巨，雙星俱陷落。而『天梁坐命丑、未宮』的人，夫妻宮的巨門是居旺的，『同梁坐命寅、申宮』的人，夫妻宮的巨門星也是居旺的等等。

夫妻宮有巨門星代表此人天性好爭鬥，喜歡搞是非，也喜歡興風作浪，以是非起家，在禍亂中謀求自己的利益。有巨門星在夫妻宮的人，表面上穩重，那是因為他已想好了一套方法和準備

好了說詞，在心中也沙盤演練好了鬥爭的情況，與預設了鬥爭的對象和目標。一切計畫早已企劃完成，接下來就是按步就班的實施了。

命宮中有天梁坐命的人，具有上述內心智謀的集結。同樣的，**屬於天梁的時間內，也會有內心愛爭鬥、智謀的運用**，同時也還帶有結黨營私，意念中會圖利自己人的想法和做法。

本來嘛！**有人對你一個人好的是貴人**，要是很公平，對每一個都好，對你並不很特別的話，你就沒法得到太多的利益。你也就不容易贏過別人，還談什麼貴人運呢？那就不是貴人了。所以天梁運的貴人運是有偏私行為的。是情有獨衷對你一個好，獨獨給你一個人利益的。只照顧特殊喜愛的人的。

要利用天梁運來說服致勝，替自己創造好的時機，就要利用

『天梁』這個時間的特性。這個特性就是：自己表面是穩重的、重名譽、重地位的，有思想、有主見、頑固、自以為擇善固執的，自己能得到上天庇佑，又喜歡照顧別人，管別人閒事，會有屬於自己型式的正義感，會路見不平，而拔刀相助的。同時也是會預設假想敵，喜好爭鬥，能點引戰火，又能運用智謀，按照自己的計畫來克敵致勝的。

命格中有『陽梁昌祿』格、『機月同梁』格，都利於說服協商

由於天梁居旺這個時間有上述這麼多特性，所以在命格中有『陽梁昌祿』格的人和有『機月同梁』格的人，就很可以運用這個天梁居旺的好時間來與別人說服協商鬥爭。也會很有技巧的來

運用，達到致勝的目的了。因為『陽梁昌祿』格本身就是有天梁這顆蔭星和祿星（祿存、化祿）的財祿、利益掛勾的狀況，有利於競爭時的達成目標。而有『機月同梁』格的人，不是在『命、財、官』及『夫、遷、福』三合宮位中有天梁星，就是在四方宮位中有天梁星所形成的，少了天梁星就形成不了格局。所以天梁星在其人命盤中是主流角色，當然在其人一生的時間關鍵點上，也會佔有重要地位的時刻，缺其不可了。

天梁子女宮和疾厄宮的人，要小心運用天梁居旺的時間去說服協商

但是在這裡，我要提醒有二種人在運用天梁運的時間時，不要做得太多，或付出的太多，只發展了天梁在管別人閒事和一昧的照

顧別人的特性上，而忘卻了『天梁』的時間尚有多智謀、善於爭鬥的色彩，而耗費了利用『天梁』這個時間的說服力特性，這兩種人就是當『天梁』在子女宮的人，以及當『天梁』在疾厄宮的人。

當『天梁』在子女宮的人，比較有同情心，愛扶助弱小，喜歡幫助情況、能力比自己差的人。心軟，愛照顧人。子女宮本身就是一個付出才華的宮位。所以有天梁在子女宮的人，是最願意付出心力給自己所偏愛的人，而無怨無悔的。倘若這種人在說服協商時，所遇到的對手是楚楚可憐型態的人，或是他在感覺上（直覺、第六感）覺得對方還不錯，就會在下意識中偏袒此人，對此人多些讓步和禮遇。但是這種靠直覺的感應來判斷對手是否是良善及善意的方式，常常是不準確的。因此有些時候，他們也會備受打擊，在競爭或說服協商過程顯得不順利。而當被說服對方並不如他們想像中那麼良善、溫和、楚楚可憐、值得同情，而是十分強勢、凶險的得寸進尺時，他們就會立刻醒悟過來，有時候會為時晚唉！有時候在最後關頭仍趕得上奮勇殺敵，莊敬自強，而說服致勝，這是不一定的。是故，這兩種人在先天性上就會因天梁所在宮位的時間性上和別人有所差異，只要能認清事實，改善處事態度的方法，競爭就是競爭，不要感情用事，『天梁』這個貴人運的時間，仍是可以用的，也可以說服協商致勝的。

當『天梁』在疾厄宮時的人，也是一樣的對人、對事有一廂情願型的期望。常看不清楚事實的真相或搞不清對手到底有多厲害。他們一味的用自己樂觀的方式是去判斷事情，處理事情，在受到阻礙時，有時會用凶悍的態度，強制性的語言恐嚇對手，一計不成，再生一計。**這是命宮中有破軍星的人**，會有這樣的命理格局和處事方法的。往往他們也會不怕疑難，一試再試，或用沒禮貌的，讓對方難堪的話語來刺激對方。這種方式在雙方說服過程中並不一定見得有效，也可能更激起對方的鬥志，而強加競爭。也可能對方以你不理智為理由，不與你協調談判了。這就是你忽略掉，或失去了運用『天梁』這種帶有貴人運，營謀智慧色彩的好時間了，所以你想要運用『天梁』運這個好時間，勢必要收拾起你本性中驕傲、凶狠、報復性濃厚色彩的意念，回到正規性、講理的遊戲規則中來。運用『天梁』多智謀，善口才，注重名譽，討長輩歡心、體念、照顧的方式來與人競爭，才是正途。也唯有這樣利用天梁的時間才會贏，才能替自己創造有利的時機。

※**天梁居旺在子女宮的人有：**武曲坐命辰、戌宮的人，子女宮是天梁。空宮坐命卯、酉宮，有紫貪相照的人，子女宮是天梁。空宮坐命有廉貪相照，子女宮是同梁。紫微坐命的人其子女宮是陽梁。以及空宮坐命有武貪相照的人，其子女宮是機梁。

※**天梁在疾厄宮的人有：**所有命宮中有破軍星的人。

第三節　溫情主義的『說服力』時間

在提到太陽居旺、太陰居旺的說服力好時間，也許你已發現到了一個問題，也就是在我提到這些說服力的好時間時，事實上，和先前提出的，在一個人的命盤中巨門會在『命、財、官』、『夫、遷、福』等宮出現的人，包括了巨門坐命、天機坐命、天梁坐命、太陽坐命、太陰坐命等是一樣的。前面已談過了巨門、天梁是說服力的好時間。現在要談太陽與太陰如何在說服力中佔有致勝把握的好時間，然後在下一節中會談到天機星在說服力中的好時間。

太陽居旺的說服力好時間

學過命理的人都知道，太陽代表男性，太陰代表女性和月亮。這兩顆星在天上相互照映，相互吸引，同時在我們人的命盤中，除了『紫微在辰』和『紫微在戌』兩個命盤格式中有日月同宮之外，全都是『日月共明』或『日月反背』的形態的，只有在

『紫微在辰』、『紫微在戌』兩個命盤格式中太陽、太陰是一明一滅的，也就是日月同宮的形式。太陽在丑宮居陷，而太陰是居廟，特別明亮的，因為這是丑時，清晨的時候。太陽在未宮居得地合格之位，明亮度已自午正過後將偏斜接近日落時分，而太陰（月亮）是居陷暗淡的，這是下午一時至三時之間的時間。

太陽居旺的時間在談判中非常好利用。主要是因為普通人在太陽居旺的時間中運氣都受到炎熱明亮陽光的影響，運氣特別旺的原故。另外太陽還有許多特性：例如，太陽代表男性、雄性，有陽剛之氣。所以和男性及有陽剛之氣的人氣味相投。太陽代表的是正義、公正、大公無私、博愛、不拘小節、寬大為懷，容易寬恕別人，不計較小事、小非，也能容忍別人的頂撞和小過失。這種容忍度是非常大的。事實上，我們從太陽坐命者都具有神經

很大條，敏感力不足的情況，就可看出太陽坐命者會受人喜歡，其最重要人際關係的生存價值就在於心胸寬大為懷，沒有那麼敏感，不會因小事發飆，不會讓人精神緊張的優點使然的。

每個人在走太陽居旺運程的時間中，包括年、月、日、時等條件因素的時間中，都會心胸開闊，和男性很接近，有陽剛之氣，運氣旺，小事也就不那麼計較了。所以即使是心胸狹窄的人在走太陽居旺運程時也會放鬆心情一下，不那麼龜毛、難纏了。

太陽在卯宮的說服力時間

我們在利用『太陽居旺』的時間來進行說服、協商時，首先要注意在你命盤格式中，太陽居旺是在那一個宮位所屬的時間？譬如說太陽居廟在卯宮，就是陽梁同宮居廟的時間，也就是卯時了。**在卯時**，你不但會在時間上帶有太陽的特性，同時也會帶有天梁的特性。**卯時在早上六、七點鐘的時候**，這麼早很少有人會在此時間會或展開說服力的，倘若用得著，那是最好的，像某些公司有早餐會報，可以做為說服力的時間，也就可以用了。有些父母要與子女說服、協商事情，早上會選擇送子女上學的時間，這也是可用的時間了。在『陽梁』的時間內，你會特別開朗、寬仁，願意付出，用真心誠意和具有很高的道德理念的言詞就能直接的打動對方。**這是一個意理嚴正、理直氣壯的好時間。**

太陽在辰宮的說服力時間

倘若在你的命盤中太陽是在辰宮，而你要用辰時（早上七點、八點的時候，在九點以前）的時候來進行遊說、協商、說

服，**則要注意辰宮的對宮有太陰**，此時你是寬厚、忍讓、心情好的，同時你更有一份細密的心思，能體諒別人，又能察言觀色到對方的心情起伏，這是和一般屬於『太陽』的時間不一樣的狀況，普通『太陽』的時間，人都很會粗里粗氣、不拘小節，也不重視小細節，莽里莽撞的。**但在辰宮（辰時）的太陽運**，就完全會不一樣，會有細緻的一面。同時說服、協商的對手，也會溫和、柔順以待，不會粗里粗氣。也會斯文的、有感性的、善解人意的來相互配合。這樣的說服力和協商會在一種親密的、多情義的氣氛下進行。當然結果肯定是完美的。大家都具有共識的、相互配合的狀況了，**所以用太陽在辰宮的時間來做為談判時間，也可以說是第一流的談判時間了**。

太陽在巳宮的說服力時間

倘若在你的命盤中，太陽在巳宮，而你要用巳時（上午九時至十一時之間）的時候來進行說服、協商。因為這是上班的時間，一般人最會用得到。則要注意巳時的太陽運中會帶有一些意外、意想不到的是非問題。因為巳宮太陽運的對宮是巨門，受其影響，此時會產生爭鬥激烈、口舌是非多的問題。也許是吵吵鬧鬧，眾人意見分岐的狀況，讓你不耐煩。不過呢？此時你仍是心胸寬大的嘛！只不過心中愛計較，認為別人太嚕嗦罷了。只要自己強據己見，別人也是沒有辦法說服你的。因為你的運氣旺，小人氣短，大丈夫志氣高長，太陽的熱力與光芒四射，可以穿透一切的陰暗面，小人自然會逃遁隱形或歸附的。雖然最後仍可站在

勝利的一方，但其中是非糾結、纏繞的過程是少不了的，也必須經歷的，這就是這個太陽在巳宮、巳時的特性了。倘若你散散、懶懶的，帶有無所謂的態度來處事，你就會被小人和對手淹沒、失敗了。倘若你是剛毅的、堅持的、站在『理』字上，你就會戰勝這場競爭，說服協商就會贏了。

太陽在午宮的說服力時間

倘若你的命盤中，太陽在午宮，而你要用午時（中午十一時至下午一時以前）的時間來進行說服、協商。這時間接近午餐的時刻，因此你也可用午餐餐聚的方式來進行協調或說服。在這個時間中，你會具有開朗、寬大的心胸，而且具有貴人運，也很懂得運用口才技巧、智慧營謀來出奇致勝，這是一個十分有利於說

服協商的好時間。在這時間中，你多半會遇到工作上的問題、麻煩要說服協商。因為巨門正在流時的三合宮位中。在這個時間中，你也許會覺得麻煩、辛苦和不耐煩，但是你是具有強勢地位的人，別人會尊敬你，雖然他們在私底下搞怪，但不敢正面與你衝突。你正可以利用這個機會，義正辭嚴的好好陳述你的觀念和看法，最後對手也只好俯首稱臣，敬畏於你的威嚴和義理而投降了。所以這是一個說服力的好時間。

太陰居旺有利說服力的時間

我們在利用『太陰居旺』的時間來進行說服、協商時，也要注意在自己命盤中，太陰是坐在那一個宮位所屬的時間。太陰居旺時會在酉、戌、亥、子、丑等宮。

太陰居旺的時間有其特性。太陰代表女性。陰性，也代表月亮，有其溫和、柔順、競爭力不是表面的那麼強勢、兇悍。但柔能克剛，這也是不容忽視的。在『太陰居旺』的時間中，其天然的特性裡，其實更包含了陰晴圓缺，起伏不定，陰陰雨雨的情緒性的起伏。有時喜、有時憂，讓人摸不著頭腦，也把握不住此人情緒起伏高漲或陰沈落下的節奏快慢。所以常會讓命格中有陽剛之氣旺盛的人，覺得麻煩和拿捏不住。但這也是最能吸引這些具有陽剛之氣之人的特殊氣質。

『太陰居旺』的時間裡，還具有善解人意，能用內心深處的第六感去感應對方心底深層的喜憂。這個時間上的特異功能，就在於能體會出別人藏在心底的心意，若與自己利益沒有衝突的，就順應他，若與自己利益衝突的，就即早化解它。在『太陰居

旺』的時間中會有許多巧思，能安排貼心的服務，使對手心存感念。用溫和，帶有情份意味的方法來說服人。

我們可以仔細看看：在每一個命盤格式中，凡是有太陰的宮位，巨門就在其福德宮的方位。也就是說，若是太陰坐命的人，福德宮必有巨門。若是流時為太陰，流時的福德宮也是巨門。由此可見，『太陰』的時間，是具有口才，能有說服人的能耐，也會有引發是非混亂，再用溫和柔婉的手法去撫平它的技巧。這也就是為什麼『太陰』也是個極具談判、協商能力的好時間了。而『太陰居旺』時這種能力比較強，說服會成功。太陰居陷時，上述的能力較弱，說服協商時並不一定會掌握成功，所以我們只以『太陰居旺』來論說服成功的指數了。

『太陰居旺』在人的命盤上所在宮位不同，也會代表不同的

特質。現在一一分別說明。

太陰居旺在酉宮的說服力時間

倘若你的命盤中太陰在酉宮，而你要利用酉時（下午五時到七時之間）來談判，此時你所碰到的人是溫和、好講話，又沒有什麼意見的人，只要你用溫柔、體諒人的態度，好好哄他，便不會有什麼差錯，就一定說服、協商會成功的了。此時你的智慧與情緒控制比對手高，又懂得運用世故的做人哄人的技巧，真是手到擒來，一點都不麻煩的事。因為流時遷移宮中是天同星又居平的原故。你想得到的利益是非常豐厚的。對方也不會和你計較，就讓給你了。

倘若在酉宮、酉時中尚有擎羊同宮，就不是這麼解釋了。那代表你用盡心機，非常計較的在營謀，對方雖溫和以對，但對你的評價並不高，雖然你仍可能會勝利，對方會讓你，但心情卻是不愉快的，他也許暫時不發表意見，而後會有別的動作，來制裁你在說服、協商中所做的決定，因此是非會在後面發生。事情還沒完呢！所以你也開心不要太早，最後的結果並不一定如你想像的好，因此有太陰、擎羊在酉宮、酉時的時間，並不算是好時間。

太陰在戌宮的說服力時間

倘若在你的命盤中，太陰在戌宮，而你要利用戌時（晚間七時至九時以前）的時間來說服、協商。這個時間是非常好的，你會碰到心胸寬大，肯讓你、寵你，不與你計較的人，他會是心情

開朗、陽剛氣重，又特別欣賞你柔美氣質，願意幫助你完成說服力，與你合作無間。在這個時間中，你也特別會表現自己的溫柔、甜美的氣質，與細心、細膩，愛照顧人，有如小鳥依人般的善解人意，用真情的話語打動對方，把對手哄得團團轉，棄盔卸甲的投降了。這是一個以柔克剛真正的把好運用在說服、協商的好時間。因為流時遷移宮中是太陽居旺，陰陽相吸的結果。

太陰在亥宮的說服力時間

倘若在你的命盤中，太陰在亥宮，而你要利用亥宮（時間九時至十一時）的時間來說服協調時，這個時間雖然也很不錯，但帶有詭異的氣氛。因為此時你更是溫柔得體，又富有感情，全心全力的體諒人，但對手都是帶有小聰明，並不是那麼受你溫柔感召，聽你擺佈的人。相反的，你的對手會是個思想善變，情緒也變化快，有許多小聰明、小絕招，層出不窮，是一個讓你目不暇給，窮於應付的人。雖然最後仍能讓你擺平，但中間過程，卻像連續劇一般有豐富變化的。這是因為在流時的遷移宮中有天機居平存在的結果。所以你要花費很大的時間和力氣來與對手周旋應付。當然最後的勝利還是屬於你的，但是你會有筋疲力竭的感覺。

太陰在子宮的說服力時間

倘若在你的命盤中，太陰是在子宮居廟，和居旺的天同同宮，而你要利用子時（夜晚十一時至凌晨一時）的時間來與人說服或協調時，在這個時間內，你是懶洋洋的，想休息了，幾乎不想再談有競爭意味的事情，也不想再辛苦的與人爭辯了。你幾乎是在被動的情況下被強制來參與協調和談判的。但是不要怕！因為這個時間是好時間，福星高照，你的情緒會溫和平靜。就用你那懶洋洋的態度來面對邀你說服或協調的對手。面對你這樣的態度，你的對手會茫然不知所措，縱使再理直氣壯，口若懸河也會緩慢下來，最後變得沒有聲音了。你只要靜靜的聽他講，什麼都不用做，最後他一定會問你的想法。你再把自己要表達的意見緩緩說出。對方的氣燄會降低，最後會用合作的態度與你達成協議。為什麼這麼好命？不用爭強鬥狠，懶懶的、輕鬆的，就能說服成功，達成自己的目標？

這就是因為『同陰在子宮』——子時這個時間特性就是溫和、柔弱，沒有激亢的情緒，能以柔克剛。又有天同這顆天

真無邪、純真的福星和溫柔、善感，能體察別人心情的太陰星共同主宰的時間。

縱然流時的遷移宮中出現了擎羊、火星、鈴星等不好的星，那表示此時你的對手是兇悍的、急躁的人。雖然在談判或協談開始時會有火爆一點的場面，但你的態度能穩定對手的情緒。以柔克剛的工夫是真正發揮到有用的階段了。天同這顆福星也會保護你絲毫不受傷害。所以這是個輕鬆解決說服、協商的好時機。

太陰在丑宮的說服力時間

倘若在你的命盤中，太陰是在丑宮居廟，但會和居陷的太陽同宮，因此這個丑時的時間內，你要利用來做與人說服、協商的工作時，是具有瑕疵性的時間。這是因為日月同宮在丑宮時，太陰居廟，太陽落陷的關係。在這個時間內，你只適合和女性說服協商，不適合和男性說服或協商。和女性說服協商能有好的結果，和男性說服協商會彼此沒有交集點，說服會不成功，或談不成。同時在這個時間內，你也只適合談錢財方面的問題，不適合談政治、權力、升官、地位，或處理爭鬥方面的問題，這主要是因為太陽居陷的關係使然的。

※**太陽代表所有的男性和父、夫、子男性親人**。為官星，掌權力、地位，代表政治、技術、公家機關、學校、機關首長、工作上領頭的人。也代表大公無私與震懾眾人的力量。

※**太陰代表所有的女性和母、妻、女等女性親人**。為財星和田宅主。掌管財產、房地產、儲蓄積蓄。代表每月發放的薪

資、代表暗地裡儲存的錢財。代表文教方面的事物。太陰多情，亦代表感情用事、溫和柔美。代表心情起伏。代表感情困擾，代表女性用品，代表藝術品，也代表心態柔軟、多情善感、愛哭。也代表驛馬強。

第四節　反敗為勝的『說服力』時間

屬於有『轉機』的時間

倘若在你的命盤中之天機星是居廟、居旺的話，這是一個非常有『轉機』的時間。倘若天機是居平或居陷位的，則是無力回天的狀況了。

天機這顆星曜的特性就是『變』得快，也代表聰明、機智、善於應變。也就是說在『天機』這個時間內，肯定要變，要動，形成不同的狀況和情勢。當天機居廟或居旺時，情勢變化迅速在進行。在此同時，你的聰明、機智，連同身體上的動作語言，也快速的運轉、應變，因此，當外界的情勢變化有了一個結果時，你也迅速的佔上一個好位置，所以雖然情勢多變，但最後的結果是好的。這些結果都很可能是在最後一刻才千鈞一髮的變好過來的。這很像一場棒球賽，雙方競爭激烈，形成拉距戰，最後在千鈞一髮之際盜壘成功，或接殺外野球而成功的結束了一場球賽。在瞬息千變的變化裡，有時我們並不先能預知結果是怎麼樣的。但是若是在天機居旺、居廟的時刻時，我們就能肯定結果是好

的，一定會贏了。

天機居平的時間，是活動力不佳的時間，只能利用小聰明搞怪一番，並沒有大智慧來取勝。所以在先天的應變能力上受到制約。**天機陷落的時間中**，是愈變愈壞，每下愈況的時間，更是無法應用來說服力了。在這個時間中絲毫沒有活動力，人不愛動，也懶得應變，聰明、智慧也缺乏，只是一昧的跟著別人附和。心裡不願意、不高興，也無法改變周遭的事實，因此這是一個不具有競爭力的時間。

天機居旺的時間，最適合和一些初次謀面的人談判，以及談一些新鮮的議題。因為『天機居旺』的特性就是喜歡新穎的人、事、物。天機還具有三分鐘熱度、性急、不耐久的特性，所以太長時間的爭鬥或競爭、長時間的消耗戰，是對『天機居旺』這個時間特性不利的，也因此，當人在走這個『天機居旺』的流時運程時，其實這個人是非常急躁，想要快速解決問題的，這是這個時間點的缺點，也是最容易被對手攻破的地方。

在『天機居旺』的時間裡，人都很聰明，有急智、口才好，一針見血。但有時太剛直，有太直接的話語，常又引發出另一場言語上的是非爭鬥。天機屬於手足之星，代表兄弟，因此在『天機』所在的時間內，容易和平輩或兄弟型的人有協商、爭鬥方面的問題。但是我們可以看看：所有天機坐命的人，都和兄弟不和，是非、爭鬥多，因為天機星必竟屬於文星，只是聰明，強悍力是不夠的。所以在『天機居旺』這個時間內，其實和平輩及兄弟型的人的競爭和說服力，並不算很得利的。所有的天機坐命的人，都有極好的父母宮，因此在『天機居旺』這個時間內，和比

你年紀大的人來說服、協商，你是最會站在勝利的一方了，反而也不會那麼辛苦。

『天機居旺』的時間，就是那麼一個主變、主動、主智慧快速運轉的時間，要能不怕麻煩，繼續多堅持五、六分鐘就能得勝，就能扭轉乾坤，千萬別忘了多動動腦、動動身體。這是需要多奔波、多轉換環境、轉換時空境遇，甚至轉換思考模式，才具有說服力致勝的好時間。

第五節　特別具有『說服力』的時間

在紫微命理中，除了前述一些和口才有關和是非有關的時間適合來說服協商之外，實際上還有一些強勢的，陽剛性的時間是適合說服力的。例如『紫微』的時間、『廉貞居廟』的時間、『貪狼居旺』的時間、『武曲居廟、居旺』的時間等等。

現在逐一說分明：

屬於紫微星曜的說服力時間

大家都覺得，紫微是帝王星，能趨吉避凶，化吉降惡，一定是最好的說服力時間了，這當然沒錯，但也不全對。因為凡是人在走『紫微』的時間特性中，人會很穩重、氣度高尚，讓人尊敬，不會受到不禮貌的對待，對手會對他畢恭畢敬。但人在走『紫微』這個流運時，人也會特別頑固、霸道，愛掌權，不喜歡聽別人的意見，但又耳朵軟，喜聽小人的纔言、奉承。另一方面，紫微雖能趨吉避凶，是屬於個人式的不受到侵害，實則在遇事說服力上沒有太大的助力。仍必須靠你的智慧和人際關係的運用，說話的技巧等等的功力來達成說服力的進度和完成目標的。往往人在走紫微運的時間內，是高傲的，人緣並不好的。這種狀況尤以是紫微獨坐，沒有左輔、右弼同宮、相照或相夾的狀況為最嚴重。表示是孤君，沒有左右手，也沒有助力。因此孤傲、不合群，受人背後攻擊的情況很嚴重。不過呢？那些都是小人，他們是不會當面給你難堪，只會在背後說你罷了，只要你沉得住氣，你能想得出辦法改善。

紫微在子宮居平的時間，只是一般普通平順運程的時間。很多人對它期望太高，希望它趨吉避凶的功能在殷切，往往得不到想要的大吉大利。很多人常常來問我：『這是紫微運呀！為什麼

一點作用也沒有？』紫微只是居平，是所有紫微星曜中居於最無光的位置，也就是離地球最遠的位置了。紫微和天府都沒有陷落，紫微居平，已代表陷落了，你還期望它能做什麼大事嗎？

紫微在午宮的說服力時間

倘若你是『紫微在午』的命盤格式的人（包括十二種命格的人），在你的命盤中紫微是在午宮居廟的，你就可以利用午時這個時間，或流日、流月行經午宮的流運時間，來做為你與對手說服協商的時間了。前面講過，紫微有許多特性，你必須先看看你命盤中的紫微星，有沒有和左輔、右弼同宮、相照、或相夾，或是在三合照守之位相互影響的？才能來講『紫微』時間的運用。

倘若你命盤中的紫微星有左輔、右弼來相互影響的，這表示你在『紫微』的時間內，是十分有助力，有貴人相助，十分圓滿的。此時你也會做人世故，不那麼頑固不化，而具有合作的精神，能體諒人。同時因為有左右手的原故，你更能得到周遭的人物，包括你的對手在內的尊敬、推崇，彷彿眾星拱月般的把你抬得高高的，唯你馬首是瞻，一切事物議題會以你的意見做為先決的思考條件。所以在智慧上的運用，人緣上的促成，在談判中都會以你為頭頭、首領。

在『紫微在午』的時間內，你最好多用午餐的時間，來邀集人做為談判、協商進行的好時間，但時間不宜太長，不可超過中午一點鐘，否則就會進入未時，會進入一個空茫，有不確定的感覺，而且是口舌是非多，但又眾人無主見，又拿不定主意。談判對手中會出現一些愛扯是非，以無關緊要的話題來打斷正事議題的問題。這些人也是說話不負責任，愛戳蹩腳，成事不足，敗事有餘的人。所以你一定要會控制時間才能一舉得勝。

紫府的說服力時間

倘若在你的命盤中有紫微、天府的時間，紫府在寅宮在時辰上是屬於清晨三點至五點時間，大家還在睡夢之中，很少會拿來做說服、協商的時間。倘若是徹夜未眠的說服協商，時間行至這裡，那就是最好的時間了，你要想辦法快點在這個時間把說服和協商結束掉，就可獲得勝利，保有屬於自己的利益了。

『紫府在申宮』的時間是下午三點至五點之間的時間。這個

時間看起來是富足又安康康的時間，表面上挺不錯的。但是我們別忘了上一個時辰是『天機陷落』，運氣在谷底。運氣是要循序漸進，漸入佳境的，所以一下子也不會運氣好，就好到頂端。況且紫微、天府在申宮這個位置是紫微居旺，天府只是在得地剛合格之位。因此平順、平安是有餘了，若想多得利益，只能得到極普通的利益，是無法得到大財利的。簡而言之，在下午三點至五點間的紫府這個時間中，代表著你會有平和認真、威嚴的氣度。對利益和錢財有一些計較。在此時你講求公平性、正確數據，是非黑白分明，以及財利的正確劃分。不喜歡別人打馬虎眼或混淆視聽。你會很清楚的告訴對方該怎麼做，一點都不會含混了事。所以在這個『紫府』的時間內，你是站在『理』字上的。

但是因為『紫府』的流時遷移宮裡的是七殺星，代表你外在的環境和你所遇到的人都是來劫財，又很凶惡的，所以你要特別小心自身的安全。要先佈屬好安全措施，以防對手在得不到利益時會有報復行動。

紫相的說服力時間

紫相雙星會共同出現的宮位是辰宮或戌宮。也就是『紫微在辰』或『紫微在戌』兩個命盤格式的人會具有這個紫相的時間。

紫相在辰宮的人，就代表早上七、八點鐘的時間是平順、講理、態度穩重，而且有正義感，講求公平性。雖然有點自傲、頑固。自以為是的情況還不算太嚴重。此時你樂於幫助人，也喜歡幫人排解糾紛、解決困難。但是太棘手的事情，或牽連很多人的

事情你就不想管了，躲避得很快。這些都是紫相的時間特性。**紫相在戌宮**，在流時上代表晚間七、八點鐘的時候。前面所談到的紫相特性你全都具備。

用紫相的時間來談判，表面上看起來似乎是很不錯的時間，好像一定也會站在贏方。但是我們要注意一件事，就是在流時遷移宮中的星曜是破軍。表示此時外在的環境混亂、爭鬥凶，同時也表示你將遇到的對手是行為開放，言行放肆，很衝動，敢說敢做的人，並且他也毫無規矩、不理禮貌，更不會懂得尊重人的人。而且他還會引起更多的騷亂，讓你難以控制。

因此，你若想利用紫相的時間來談判，你就只有用耐心來等待，等到最後，等到你的對手興風作浪累了、告一個段落了，你再來收拾殘局，做最後的結論。只要你能等到最後，堅持到最後，勝利就是你的！

※以前我在很多本書上提到，天相坐命的人，永遠都是替破軍坐命的人收拾殘局，和擦屁股的人。而且兩種命格的人因互為遷移宮，而磁場相合，非常投緣。破軍坐命的人，是專搞破壞、改革、重建的人。而天相坐命的人就是收拾爛攤子、撫平傷痛，做善後處理、重新建立新秩序的人，他們彼此配合得很好，天衣無縫。在時間上，天相和破軍也會有這種互補的特性。人在走天相運時，外面的環境一定是亂糟糟的，破破爛爛的、吵吵鬧鬧、爭鬥凶的。人在走破軍運，喜歡打拚，為達目的不擇手段，再破耗、破費也在所不惜時，此時一定是外界環境很平和、守舊、遵守傳統，一點也不想變、脾氣好的環境。等到破軍把這環境弄亂、弄壞了，天相就立刻把它收拾好，再回歸原來的樣子。這種狀況一直重複的演出。

紫貪的說服力時間

在命盤中有紫貪同宮的人，表示你是『紫微在卯』、『紫微在酉』兩個命盤格式的人，而紫貪流時的時間剛好在早上的五點到七點之間，或傍晚的五點到七點之間。

紫貪在時間上的特性是：你在走這個紫貪運時，你會氣度嫻雅，異性緣重。但你仍然會帶有穩重、高傲、頑固、自以為是、有點勢利眼的心態。在紫貪的時間內，你很圓滑，不想得罪人，做人、做事都帶點馬虎的味道，不會切入關鍵的核心來看問題，基本上你是很怕麻煩，想遠離麻煩，或快點結束麻煩的人。所以你對說服和協商這種事情沒有興趣。寧可交給別人去做。倘若無法假手他人，一定要自己面對的說服和協商，那只要看對手是誰便已知道結果了。因為你不喜歡吵吵鬧鬧、不雅的爭吵場面，太會吵、太兇的人，你寧可讓他，也不想破壞自己優雅的行事和生活節奏。你倒是會對溫和、懦弱的人，嚴加訓斥一番。實際上你並不懂得如何談判。在這個時間內，你只是喜歡炫耀自己命好、享福、能幹的一面，談些和說服力又不對題的事情。你會看對方是什麼人，再給他多少你認為該給的利益。對於氣勢強悍的人，你會任由對方予取予求的來達成協談。對於氣勢弱的人，你比較計較，會步步為營的來達成協議。

很多人都認為紫貪的時間是一個桃花運很重的時間，既有人緣桃花，做事一定很方便了。其實這是個油滑而自私自利的時間。你只要看到貪狼居平，好運已不太有了，只有靠紫微來使其平順而已。因此在說服中最多來保護自己不受侵害，若想要出擊

致勝便是不可能的了。

倘若在紫貪的時間中有紫微化權的人，倒是會在說服中佔於優勢，是極容易促成說服成功，得到利益的人。

倘若在紫貪的時間中有貪狼化權的人，因為貪狼居平的關係，活動力和好運的承受能力都差一點，想要在說服協商中成功，就必須加把勁了。並且在與紫微同宮的貪狼化權，只會更猶疑，又有一廂情願的看法，自作主張，做事粗糙，會引起更多的非議，談判時間會拖得很長，讓對手有更多攻擊的把柄，所以嚴格的說起來，若是你的命盤中有紫微、貪狼化權，表面上看起來這個時間似乎是強勢的，但是卻不一定會說服協商成功。

紫破的說服力時間

在命盤中有紫微、破軍同宮的人，表示你是『紫微在丑』、『紫微在未』兩個命盤格式的人。而紫破在丑宮的流時是清晨一時至三時以前的時間。紫破在未宮的流時是下午一時至三時以前的時間。

紫破在時間上的特性是：你在這個紫破運時，你會外表氣派、大膽、豪爽，花錢不在乎，敢於說大話，為求成功，犧牲再多也再所不惜，只要能達到目的就可以了。在這個時間內你是多疑的，喜歡試探人的，同時也是凶悍的，會先發制人的。只要你懷疑談判的對方稍有不利於你的動作言行，你就會先發制人的先制裁他。

一般人在利用紫破的時間去與人說服協商時，多半會選擇在一些聲色場所，或吃吃喝喝的地方來談判。利用在酒色氣氛下，人的原形畢露，貪赧的天性，再略施利益，便能說服成功了。

倘若你不用這一套技法，而是想用運氣來戰勝對方，也未嘗不可。破軍的習性都露出來了，開始言行大膽，講些一般人不敢講的粗鄙之言，或是眾人忌諱談的事，妄想以一些叛徑離道的言行嚇倒對方，棄守陣腳。紫破的時間，你是決意要贏的，也不在乎別人對你的看法，你善於攻擊，善於打拚，所向無敵。這時候，流時遷移宮裡是天相，表示外在環境中都是些息事寧人的老好人，所以你的攻擊是有效的。也肯定會在說服力中勝利的。

紫殺的說服力時間

在命盤中有紫微、七殺同宮的人，表示你是『紫微在巳』、『紫微在亥』兩個命盤格式的人。而紫殺在流時中在巳宮代表在早上九時至十一時以前的時間。紫殺在亥宮，流時代表晚間九時至十一時以前的時間。

紫殺在時間上的特性是：你在紫殺運的時間中，會是態度冷靜，喜歡端架子表示自己的氣派，表面上看起來喜歡思考事情，做事緩慢，好像常在思考似的，其實你想的不多，做的也不多。

表面上人在紫殺的時間運程內，給人的感覺是冷峻的、凶悍型的，不易讓人接近。事實上人在紫殺的時間內，是有條件的開放心扉，讓人接近的。譬如說對他有利的人，和磁場相同，談得來的人。因此彼此是不是同道中人就很重要了。

紫殺仍有向外攫取、打拼等特性，它的財是必須向外攫取才會有的。也是必須凶悍的打拼才會有的。在紫殺的流時遷移宮中的星曜是天府，表示外面環境中的人，比自己有錢。所以值得去攫取財物。因此把紫殺的時間用來做談判、協商的時間，你第一件會想到的事就是此事值不值得做？你會得到多少利益，倘若利益多，你便會立刻的起而行。倘若利益太少，你便懶得動，也不想談判了。

紫殺有凶悍的一面，那就是向外劫財、奪財時所顯露的特性，拚命以赴，直到達到目標為止。人在紫殺的時間內，智慧並不見得高，且是看見了獵物，便產生意志力，強力奪取罷了。好像禿鷹見到了血腥的肉塊一般，沒有獵物時，便懶洋洋的睡覺了。

不過要注意的是：在紫殺的時間內，因為智慧不高，做事沒有計謀，倘若碰到的對手是陰險狡詐，多計謀的人，便會形成纏鬥多時的說服力競爭。因為接下來的流時並不好，是空宮，帶有空茫的運氣，因此再困難，也最好在紫殺的時間中把說服協商結束，否則最後可能會敗下陣來。

屬於貪狼居廟旺的說服力時間

貪狼是好運星、偏運星、偏財星。只要貪狼居旺位，財和運都是非常好的。**在貪狼居旺位以下的時間中，一種就是在辰宮、戌宮居廟位的貪狼的時間。另一種就是在丑、未宮，武貪同宮，**

雙星都在廟位的時間了。在這兩個時間中，貪狼和武曲星的關係都匪淺。一個是在流時遷移宮中有武曲，一個是和武曲同宮。因貪狼居旺位以上，運氣特別好時，也必定是和錢財有關係的狀況了。

貪狼在子、午宮時是居旺獨坐的，因此子時（夜十一時至凌晨一時）和午時（中午十一時至下午一時），也是具有好運道、偏運的好時機。在這個流時的遷移宮中出現的是紫微星，表示你在貪狼居旺的這個時間中，你的外在環境是富貴、高尚的，也是在權利中心地位的。既然你具有了絕佳的位置，在說服協商時就高人一等了，運氣肯定好的嘛！說服力的成功率也就在百分之八、九十以上了。

在貪狼居廟的時間裡，你是對好運和錢財有特別敏感力的時間，好玩的是貪狼的特性裡是粗枝大葉，做事馬馬虎虎，不重細節，做人圓滑愛閃躲，遇見不好的事就閃躲，不像會是負責任的人。的確！貪狼居廟時，也愛閃躲，但是對於好運和錢財，卻從來也不會閃躲的，因為人終其一生，就是在尋找這兩種東西嘛！

貪狼就是一隻狡滑的狼，一隻貪得無厭的狼，不論是不是貪狼坐命的人，**只要走『貪狼居廟』這個時間過程時，你都會變得聰明、圓滑，對好運和錢財有敏感力**。對無所謂的事情和煩瑣的事情不屑一顧，而馬虎待之，你的注意力全在何處有好運？何處可賺到錢？兩個議題上面。因此你會分辨說服協商的內容，看看需不需要去面對？值不值得去面對的問題？譬如說在貪狼的時間內，你家大廈管理委員會要開會，有事要進行協商和說服，這時你就會考慮看看談的是什麼事？與你無關緊要的，你一定不會出席。要是委員會有營餘，要分錢，你一定會跑得很快去開會參加協商。好像貪狼星很會趨吉避凶，實則是『利』之所趨。不過在貪狼的時間內對惡運的躲避也很有一套方法的，從不會碰到大惡大凶的災害的。

所以『貪狼居廟』的時間，適合去談判。貪狼好爭，貪狼也為將星，利於爭伐。在很多軍事戰爭中利用貪狼坐命的人去做大將軍，全都會成功。這就是貪狼凶悍特性使然了。

因此在你的命盤中只要有貪狼居旺、居廟的宮位時間，你就可以利用來與人展開說服，定有意想不到的佳績、斬獲。

你一輩子有多少財

屬於廉貞居廟的說服力時間

廉貞是一顆善於營謀、企劃，善於經營組織戰的星曜，在命宮時，當然是極適合說服協商的人，在時間上也是極適合說服力的時間。**但這只限於廉貞在寅、申宮居廟時的狀況**，廉貞在其他的宮位都是居平和居陷的，如此，便企劃、智慧、營謀能力不足了，也不算很有利於說服力的時間了。

廉貞的特性中尚有一些屬於陰險的，會暗中做手腳，採集情報，玩陰暗的手段的一些特質。廉貞是囚星，代表一種內斂的，會做表面文章，表面仁義的事，私下裡卻為達目的不擇手段，甚至殺伐爭鬥在所不惜，兇猛的意思。因此在廉貞的時間中，再困難的事，你都會想到方法，不論是正派的、負面的方法，只要能解決問題，你都能嘗試去執行。

用廉貞居廟的時間來談判，是在早上三點至五點和下午三點至五點的時候。當然下午的時間用得會比較多。此時的流時遷移宮是貪狼居平，表示外在的環境中的好運機會是非常低的，幾乎到了完全沒有的地步了。因此『紫微在辰』和『紫微在戌』兩個命盤格式的人在命盤中的好運星貪狼是居平的，因此命格屬於這兩個命盤格式的人，也從來不寄望有好運出現。因此更增加了凡事求己，由自己來營謀，以求拯救之道。如此一來『廉貞』這個時間就更形重要了。

在廉貞的時間中，適合與人說服協商的議題是有關政治方面、升官或地位上磋商的事情，以及打通關節遊說方面的事情。或是做一些不為外人道，私下、暗中的協商和說服。談招標、合併及利益分攤是可以的。

在廉貞的時間中，不適合做金錢上處理的說服協商，因為廉貞不主財，也沒有好運機會。談錢財的事情會對自己不利。即使是在有廉貞化祿的時間中談錢財問題，你也會看得到錢財，摸不到錢財，雙方油嘴滑舌一番，但仍拿不到自己想要的錢財。

在廉貞居廟的時間中，你很喜歡做公關、人際關係，拉關係來增加自己的利益。但要小心！厲害的人會趁此機會要脅你要好處。不過你也會給他甜頭。但是要計算清楚了這種趁你想打通關節而以好處相要脅的人，可能將來就是你的心頭大患。很多在廉貞的時間中拉關係想得到利益的人，多半都是先吃虧在前的人。

所以要利用『廉貞居廟』這個時間做為說服力時間的人，首先你要把前面我所說的問題一一釐清，先想好怎麼做，再預訂這個時間來談判為佳。

屬於武曲居廟、居旺的說服力時間

在所有的命盤格式中，只有『紫微在寅』和『紫微在申』兩個命盤格式中的武曲星是居廟的。此時武曲是在辰宮和戌宮，所代表的流時是早上七、八點鐘和晚上七、八點鐘。

在『紫微在辰』和『紫微在戌』的命盤格式中，武曲居旺和居廟的天府同宮。這是在子宮和午宮，所代表的流時是夜晚十一時以後至第二天凌晨一時以前的時間。

在『紫微在子』、『紫微在午』的兩個命盤格式中，武曲居得地之位和天相居廟位同宮。武曲居得地之位已算合格，屬於在旺位的位置上了，但此時是以天相居廟的強度較強，故天相的力量會大一點，大過武曲的力量。此時代表的流時是早上三點至五點之間，以及下午三點至五點中間的時間。

武曲在辰、戌宮的說服力時間

先談武曲在辰宮、戌宮居廟的時間。武曲是財星，這個時間當然最有利於進財。所以在這個時間內你最容易談和做生意、賺錢有關的事情。

在武曲的特性中，也代表政治、軍事、有剛毅果敢、守言諾，、一絲不苟的特質。因此在『武曲居廟』的時間中，你是善於行軍佈局，極有作戰的天份，會搜集情報，詳加判斷，言出必

行的。這樣也有利於說服協商的事前準備。

很多人認為武曲太剛硬，沒有桃花，這是錯誤的觀念。在武曲居廟的遷移宮（對宮）中就是貪狼居廟，好運、桃花極旺的外在形勢，豈能說沒有桃花呢？就因為有這樣的對宮相照的格式，因此武曲坐命的人，是十分對好運和財運有特殊的敏感力。也特別具有活動力，更會運用人際關係來促成好運和財運的發展了。在流時行經武曲居廟時，每個人也同樣會具有上述的特質，願意朝好運、財運的方向努力邁進了。

大家要用武曲居廟的這個時間來做說服協商時間時，必須注意：武曲雖然利於得財，也精於政治，善於佈局得利，但是武曲是一定要黑白分明的，也害怕是非口舌纏繞怕麻煩的，倘若有這種是非狀況產生，你在這個武曲的時間內，就會心生放棄之心，不願意參與競爭，而寧願放棄求財了。在此時你也會覺得好運、好機會很多，實在沒需要被困在是非口舌之中，而想早點脫身，另找好運和好機會去了。所以有時候，某些人會認為武曲的耐力不夠，沒有堅持性，這實則是怕麻煩，又自覺機會很多的原故。

屬於武貪的說服力時間

倘若你是『紫微在巳』或『紫微在亥』命盤格式的人，在你的命盤中就會出現武貪的流運時間。當武貪在丑宮時，就是（丑時）早上的一點至點中間的時間，當武貪在未宮的時候，就是（未時）下午一時至三時的時間。

武貪的時間實則就是『武貪格』具有暴發運的時間，只要沒

有武曲化忌或貪狼化忌或地劫、天空同宮，就是具有非常好的偏財運的時間。倘若這樣一個具有偏財、偏運的時間來談判協商，肯定會有意外收穫的。

武貪同宮時，武曲是財星，貪狼是好運星，貪狼既是桃花星，又是將星。武曲有剛直、重承諾、果敢的力量。貪狼有勇往直前、圓滑，只喜歡好運，也只看得到好運，別的閒雜之事都不管的特質，這兩顆星在一起，根本不喜歡是非口舌，善於躲避口舌，只對自己要的『財和運』做攫取的動作，運氣是強悍的，旁邊的人看到他的好運如虹，也不得不紛紛讓開，把好運和財運讓給他。所以武貪的時間就是這麼一個氣勢剛強，具有領導性，做頭為首，不管別人是非，一味取財、取好運的這麼一個運氣。也因此在武貪的時間中，是做什麼都會成功的。當然在協談桌上，也會氣勢壓倒對手，讓對手不得不服氣了。

屬於武府的說服力時間

倘若你是『紫微在辰』或『紫微在戌』這兩個命盤格式的人，在你的命盤中就會出現武府的流運時間。當武府在子宮時，就是子時（夜間十一時至凌晨一時），當武府在午宮時，就是午時（中午十一時至下午一時之間）。

武曲、天府同宮的時間，一個是財星，一個是財庫星，且雙星居廟居旺，自然是多財的時間，自然也有利於談與錢財、生意有關的議題、協商。縱然是談與政治、軍事上的協商，也會具有特殊利益的。

武府和武貪的性質不一樣，武府較文質，一切所為的都是財祿，武貪有強悍、競爭之心。有爭『奪』的意味。而武府純然只是斤斤計較，自我保守，小心維護自己的財，所以武府的時間是保守、頑固、護財的時間，只顧自己儲存財，而不會向外及對人有不利的行動。

用武府的時間來說服協商的人，倘若他正走武府運的話，我們也可以看到他是表面溫和、內斂、脾氣硬，處處小心翼翼，保護自己防衛別人很用心，性格剛直，有什麼話不會放在心裡，有關錢財、利益一定要講明白。不佔別人的便宜，也不讓別人越雷池一步的。所以在這個時間中談公司合併、生意往來時，他都會把報表、計算數值做得很清楚，權利劃分，及雙方利益所得也標明得很清楚，絕不會馬虎草率的。當然！對手看到這麼一個認真、小心的人在處理事情，自然對他的信賴感增加，談判也會成功了。因此武府的時間中也是一個講言諾信守，具有公信力，有威信，重計算、計較的時間。

屬於武相的說服力時間

倘若你是『紫微在子』或『紫微在午』這兩個命盤格式的人，在你的命盤中就會出現武相的流運時間。當武相在寅宮時就是寅時（清晨三時至五時中間）。當武相在申宮，就是申時（下午三時至五時中間）。

武曲、天相同宮的時間，是財星和福星同宮的時間。既然有福星同宮，就表示是一段錢財平順的時間而已，除非有武曲化權，否則財也不會太多，只是小康型的財運。

用武相的時間來說服協商雖然不錯，但是有瑕疵的。事實上只要同宮有天相，對宮都會有破軍星出現。這也是說在武相的流運遷移宮中必有破軍存在，這表示此時外在環境是爭擾不斷，爭鬥破亂的環境。因此用武相的時間來談判的話，勢必會遇到難纏的，貪求不滿足的、態度不良的，沒禮貌又不用正規規則來好好進行談判的人。雖然武相的時間仍屬吉的時間，最後也會贏，但贏得較辛苦一點，而且是合議制，你這一方會多所忍讓，用哄的、讓步的方式才能達成協議。這樣一來，自然是在利益方面不會是十全十美的了。所以武相的時間可以用來談判，但是你的希望不要抱太高，否則雖然也會贏，但多少帶點失望情懷。

屬於天府、天相的說服力時間

天府和天相的說服力時間，都屬於溫和、競爭力不強，甚至是完全沒有競爭力的時間。只算是說好話，協商為多的說服力時間。

天府是沒有陷落位置的，全都在得地以上合格的旺位。天相在卯、酉宮時會居陷，就完全沒有用了。因此只有在得地以上合格的位置才有福力，對人有用。所以在卯時、酉時，逢天相陷落，就無法用來做說服力時間了。

天府和天相不但因太溫和、競爭力差而在說服協商中會居於弱勢。實則這兩種時間，皆有其瑕疵，在天府的時間內，其流運遷移宮一定有七殺這顆煞星。天府是財庫星，外在的環境中一定有人劫財。所以在天府的時間內，其人內心雖富裕，但內心是惶恐不安的。小心翼翼的，步步為營的。天相是福星，在天相的時間內，其流運遷移宮一定是破軍這顆煞星。外在環境中也一定有凶猛的人士在搞亂，因此在天相的時間內，雖然其人外觀穩重、冷靜，其實內心也是多煩憂的，一直在勸服自己破耗一點就好了吧！算了！讓他一點吧！只要平安就好了。因此，在天府和天相的兩個時間內，未必能真正的找到平靜。自己孤獨的躲在家中可平靜。若是要外出與人競爭、談判交手，則強敵環境，不勝憂煩。在天府時間遇到的說服協商對手是直接、凶猛、不講情面的人。誰天相的時間中遇到的對手是鬼怪、多疑，給別人設了許多規範，而自己卻常賴皮不遵守的人，行為態度也粗魯、大膽、草莽味十足的人。

所以，除非你已預設立場，準備讓步。或是為了想巴結對方而結束說服協商，否則你是不會用這個天府或天相的時間來做為說服力時間的。

※天府的時間，包括紫府、武府、廉府的時間和天府在丑、未、卯、酉、巳、亥宮等時間。

※天相的時間，包括紫相、武相、廉相的時間和天相在丑、未、卯、酉、巳、亥宮等時間。其中天相在卯、酉宮是陷落的，流運遷移宮是廉破，表示在這個時間環境中和所遇對手都是惡質，沒法度，侵害人更凶的人。

屬於殺、破、狼的說服力時間

七殺、破軍、貪狼的流運時間，只要在得地合格以上的旺位時間，大致都是很好的說服力時間。

在七殺的流運時間中，其流運遷移宮中會出現天府星。代表外在環境中所會遇到的對手是一板一眼、嘮叨、負責任、喜歡計較、小氣，但性格溫和、保守，即使生氣了也不會有粗暴言語的人。因此嚴格的說起來，對手在競爭時仍會保持形象，謹守分紀，不會用特殊、強悍的方法來取得勝利。反而是你這一方會用凶悍、強勢的凶勁不擇手段的去攫取勝利了。所以七殺的時間，有利於你這一方的說服協商。縱然七殺居平時，全和紫微同宮，故都算是說服力的好時間。你都會勝利的。

不過要注意的是：所有七殺的時間，你的智能都不會高，只是蠻幹、打拚、堅持要得到勝利的狀況。所以你很可能以凶悍的態度暫時得到勝利，但勝利不長久，你還要看下一個流運是什麼？會不會有居旺運的流運？以防談判結果有變化。**例如七殺在辰、戌宮的時間**，下一個流運即是天機居平，談判當時雖會贏，但過了一會兒之後，結果就很容易改變，變成不利於你這方的情況了。另外七殺在子、午宮的情況也一樣，下一個流運是空宮，說服協商當時會贏，但進入下一個流運時，便會變得茫然，情況不明了。因此你要小心應用這個七殺的流運時間，在說服協商時當機立斷，並要立下切結書，使結果不會因故改變，而掌握真實的勝利。

在破軍居旺、居廟、居得地之位的流運中來說服協商都很

好，就是不能用廉破的時間來說服協商。這是一個混亂、貧窮、善變，沒有誠信的時間，因流運遷移宮是天相陷落，所遇到的談判對手也會是當時表面懦弱，願意合作，達成協議了，最後又反悔的狀況，這種狀況和廉破坐命的人來幫忙說服協商，卻愈弄愈糟的狀況是同樣的。（前面已談過林瑞圖先生幫董事長合唱團強暴案件的說服協商即是一例。）

其他的破軍流運的時間，其流運遷移宮中都有一顆居得地以上旺位的天相星。例如破軍在子、午宮居廟時，流運遷移宮是廉相。表示在破軍的流日或流時中，你會碰到溫和、智慧不太高的協商對手。看起來他們乖乖的，很好擺佈，你只要略施小計，他們就會入殼上當，任你指揮擺佈，談利益在你的掌握之中了。在這種破軍在子、午宮，對宮有廉相的時間中，你很適合用酒色財氣去招待你的說服協商對手，因為對手在廉相的位置，就代表他們具有好色、貪赧的性格，表面老實，內心油滑，愛貪小便宜。而且他們也特別認同這種回報似的利益行為，認為你很上路，懂得送女人情色，請他吃喝，送錢給他，他就會和你站在同一戰場上，對你做利益輸送，暗地放水，讓你在說服協商中贏了，相對的，你會在這個破軍的時間，也不在乎用什麼卑劣的方法，只要能贏就好了，也自然會迎合對手的口味，提供酒色財氣的招待了。

屬於破軍在辰、戌宮的說服力時間

破軍在辰、戌宮的談判時間，因流運遷移宮中出現的是紫

相，表示你在此時會遇到的對手是比較頑固，有點霸道，而且高高在上，自以為是的談判對手。不過他是品格較高尚，氣度仍溫和的，只要順著他的性格，尊重他，在某些禮節、規矩上多拍拍馬屁來討好他，就可以和他協商了。在協商時，只要雙方感覺、默契好，你的協商對手根本不會刁難你，甚至在你提出不太合理的條件時，他仍會幫助你達成願望。因此這個破軍在辰、戌宮的時間是屬於你的鬼怪多一點，大膽勇猛的情緒多一點，而協商對手是溫和肯合作的好幫手狀況。

屬於破軍在寅、申宮的說服力時間

破軍在寅、申宮的談判時間，因流運遷移宮中出現的是武相，表示你在此時會遇到的對手是性格剛直，注重公平，是非曲直，在某些事物上也可讓步的人，同時他們也是對錢財數目比較重視的人。事實上，你在這個破軍在寅、申宮這個時間上，你也會在錢財、數據上比較讓對手，只要協商的內容，可以用錢或利益解決，你就會用這種方式解決，只要面子上或在議題上得到勝利就好了，實質利益上損失了你並不在乎。

※**所有破軍的流運時間**，實際上都有一些錢財上的破耗，或利益上的損失，縱然你爭的是錢財，但你在破軍的流運時間中，會用金錢或利益做誘餌讓談判對手入彀，或是先用投資的方法使對手注意你而願意與你相互說服、協商。因此，在尚未展開協商之前，你已經破耗了，並且你在協商之中，也

很可能為達成目的，而破費錢財。所以破軍的流運時間並不算十全十美穩贏的時間，而是雖勝但仍有瑕疵的時間了。

※**所有七殺的流運時間中**，破耗的是流血、流汗的勞力行為，此時的人很小氣，一毛不拔，也不會做『用錢做餌』或先投資『釣人上鉤』的舉動。此時的人再困難、再艱辛、再勞累都可以，但不會出錢來買勝利。這就是七殺流運時間的特性。

屬於貪狼的說服力時間

有關貪狼這顆好運星的說服力時間，在前面已談過很多了。

廉貪在巳、亥宮的時間，沒有人緣、沒有機會，會人見人厭，根本沒有人瞧得起你跟你相互說服協商，在貪狼居平在寅、申宮的流運時間中，因流運遷移宮是廉貞居廟，表示你的協商對手比你聰明、智慧高，而且陰險、多謀略，他會設下圈套讓你入彀，鬥爭你很嚴重。你沒有贏的機會，因此也最好別用。

其他如貪狼在子、午宮的流運時間，因流運遷移宮中是紫微星。這表示你自己的運氣雖然很強，但你的協商對手會是比你職位高、地位顯達之人，他是高高在上，統御著、支配著整個說服協商的過程，而你也並不想得罪他，是故你會圓滑的閃躲，或顧左右而言他，不敢切入主題。表示外面環境中的情勢比你強。而你會不會堅持要參與這場說服協商也是未定數，你也可能會放棄的。所以此時間雖好，但你卑躬屈膝的態度會很明顯，故只能協商，不能展開說服了。

屬於貪狼在辰、戌宮的說服力時間

屬於貪狼在辰、戌宮的說服力時間，其流運遷移宮是武曲居廟，表示在此時會遇到的說服協商對手是一個強勢的人，這個人對錢財十分敏感，很會賺錢，又於處理財物，是理財好手。同時又是懂得政治運作的人。在對於自己利益方面很堅持的要和你較量，在另一方面他又是重承諾，有誠信，在外面信譽很高的人。對手的條件非常強，在這種情況下，你只有用天時、地利、人和的方式公平的和對方較量一下了。

通常在貪狼居旺的時間內與人展開說服協商，你多半利用的是自己的好運和桃花人緣上的親和力，你也會用拉攏關係，或用朋友介紹代為說項等的延伸性的關係來幫助說服協商成功。這些也都是貪狼時間的特性了。

第七章　本命強勢具有『說服力』的人

化權星具有強勢的『說服力』

化權星所代表的是對人、對事、對環境、對一切天時、地利、人和所形成的主控力量。化權星入人之命宮時，也會在人命中形成一種強勢的力量，只要人命宮中有主星居旺而帶化權的人，就會具有天生的，與生俱來的，不用別人教導而自然成格局的威嚴、莊重，對萬事萬物有掌控能力的技法。所以若以『說服力』來講，化權星以在命宮為最佳位置。也會將人導入一種先天就會學習到及瞭解說服力的技巧，具有主控力，這是別人再怎麼樣也很難想像瞭解的一件事。

有十種主星居旺化權坐命的人，各自具有不同的說服協商功力，而且會各擁所長的，在說服力競爭中而勝利。

現在我們就來看看這些人的功力是什麼？

有紫微居廟、居旺化權在命宮的人

有紫微居廟、居旺帶化權在命宮的人，是壬年所出生的紫微坐命午宮的人、紫破坐命的人、紫貪坐命的人、紫相坐命的人、

紫府坐命的人、紫殺坐命的人等等。紫微是帝王星，已經是最高層次的星座了，具有威儀和萬事呈祥趨吉的能力，也代表權力的極致和主控力的強勢。化權星的力量也是權力的伸張和主控力極致的力量。因此命格中有紫微化權時，就好像是上天所賜之特殊的雙倍的主控力。這種主控力包括了天時（時間的切合點）、地利（所處環境）、人和（人緣關係）中一切時間、空間中的運作關係，還有一種人與人心靈上磁場溝通上的關係。這是一種受人景仰、愛戴、信任的關係。**所以只要命宮中有紫微居旺化權的人，在時間、空間、及第三次元的空間中（指磁場的效應中），運氣就特別好**，從不會受到責難、挑剔、阻礙等問題。因此他們永遠是勇往直前，不會退縮的。這種具有主導把萬事萬物化為祥和順利的力量，幾乎是一種超自然的力量。無事不成，非常好運

用。**因此具有紫微居旺化權的人，是非常適合說服協商時場面上的掌控及主導協商對手有向心力的人。**情勢有一面倒的現象。往往也會在此人即將出席談判時，談判臨時取消了，因對方已無條件投降了。這就是紫微化權的效應了。

但是命宮中有紫微化權的人，雖在說服力中具有致勝的主控力，仍有一個隱憂。因為此人命格中必有武曲化忌。表示此人的錢財數字觀念不好，會有錢財上的麻煩。而且命宮中有紫微化權的人，多半是主貴的命理格局。在錢財的掌握上只是平順能過活的資源狀況。要這等命格的人，去做政治上的說服協商、官司上的說服協商、事物上的、或人事上的說服協商皆可，也會有必然的勝利。若要做生意上的說服協商，就必須要帶會計人員，來做數字上的報告和計算，讓有紫微化權坐命的人，只要掌握環境、

天時、地利、人和的主控力就好了，這樣才會勝利。若由紫微化權坐命的人來報告財務數字，或議價，情況就不見得順暢，因為此人的命中財少，與財不親的緣故。故無法引財進來，議價、或與財有關的問題，將會帶來困擾。有時說服協商很順利，也贏了，但實質的利益卻很少或根本缺乏。

有太陽居廟、居旺化權在命宮的人

有太陽居廟、居旺化權在命宮的人，是辛年所出生的太陽坐命辰宮、巳宮、午宮的人，及陽巨坐命寅宮、陽梁坐命卯宮的人。日月坐命未宮，因太陽居得地剛合格，若有太陽化權，也可算是居旺的太陽化權。

太陽代表男性、政治，也代表主腦人物，具有高地位、高權勢的人。化權星，也代表權勢和主控力量。因此兩星結合是最佳的權力象徵。

太陽單星坐命時，巨門會在其『財、官、遷』之中。太陽雙星坐命時，巨門會在『命、夫、福』等宮之中，所以太陽坐命的人是離不開是非爭鬥局面的。太陽居旺時，就可以掌握這個爭鬥的局面，在局面中致勝的機會較大。有太陽化權時，更增強了致勝的必然性。當然是全面主控了天時、地利、人和的情況了。

太陽光是無遠弗屆、大公無私，普照在大地之上的。因此太陽坐命的人都有博愛、公正、寬容的面貌與心胸。在人際關係的磁場像一塊巨大的磁石、磁場，深深緊密的吸引周遭的人。因此太陽居旺時，運氣特別佳，人緣也特別佳。再有化權星的助力，

就享盡一切天時、地利、人和的特性，是別人很難匹敵的。

命格中有太陽化權時，其人一定是具有主貴的命理格局，而且人的命盤中也一定有文昌化忌。這代表計算能力上會出問題。這和命格中具有紫微化權的人一樣，同樣是會百密一疏。會在好運特別多，萬事具備，說服協商上有壓倒性的勝利歡呼中，再靜下心來檢查實得利益時，發現利益卻很薄弱。這就是太陽不主財，太陽坐命的人，不懂得理財，有耗財的特性。而文昌化忌又帶來計算能力的不足的問題所使然的，這種小瑕疵是具有太陽居旺化權坐命的人必需注意的事。

有天梁居廟、居旺化權在命宮的人

有天梁居廟、居旺化權在命宮的人，是乙年出生的天梁坐命午宮、天梁坐命丑、未宮、機梁坐命辰、戌宮、陽梁坐命卯宮、同梁坐命寅宮的人。陽梁在酉宮時，天梁居得地合格之位，若有化權，亦可勉強算之。

天梁代表智慧、智謀，也代表貴人運，是蔭星，是上天的眷顧、神賜的力量。也代表父母、長輩的幫助力量。因此天梁和化權星的結合，就是上天賦予或長輩、父母賦予的權力的主控力量。

有天梁在命宮的人，巨門星都會在夫妻宮中出現。表示其人在內心深處裡就是喜好爭鬥、謀略的人。當然就毫不畏懼爭鬥競爭了。天梁居旺坐命時，其人會仗著自己的智慧聰明和蔭庇神佑有好運道而敢與人競爭、爭鬥。再有化權星，這種對權力的慾望就更深了。也會更加的膽大氣勢壯。

天梁居旺坐命的人，都外表氣勢沉穩、智商高、多謀略、有貴人運，在天時、地利上佔盡優勢。有化權星相隨時，會喜歡指使別人做事，在人緣上似乎不見得那麼順利。但是他們很懂得權術，又會在必要時施以小惠，或以條件交換的方式來促成事情的成功。因此在說服協商的過程中也是極具主控權力的領導者。

具有天梁居旺化權在命宮的人要注意的是：雖然你具有極強勢的說服協商能力，也懂得運用權術，但是你的朋友運太差了，身旁常圍繞著貪赧的小人，隨時要防著被身邊的人所出賣。因此在協商的過程中，注意周遭與你親近的人，比對付敵人更重要。

有武曲居廟、居旺化權在命宮的人

有武曲居廟、居旺位帶化權在命宮的人，是庚年出生的武曲坐命辰、戌宮的人，或武貪坐命丑、未宮的人，或武相坐命寅、申宮的人。武相坐命是武曲居得地合格之位，天相居廟的命格，基本上是天相較強勢。但有武曲化權時，就是武曲財星的部份變強勢了。

武曲代表財星、財主，也代表政治，更代表剛正不屈、守正不阿。也代表言諾有信義。因此武曲坐命的守護神是關聖帝君。

有武曲在命宮的人，都是黑白是非分明，絕沒有模糊地帶，也沒有含糊不清的言談論調。是直接而有力的表達自己思想、意見，也堅守自己信念的人。你可以在命盤格式中發現，所有命宮中有武曲星的人，都不會有巨門星在『命、財、官』、『夫、遷、福』中出現，這就表示說他們內心並不具有『是非』的影子，也不屑於和人爭鬥，但是卻具有極強的競爭能力，這是原發自武曲財星本身就要產生利益，得到利益的自然形成。所以武曲居廟、居旺坐命的人，他有天時上、大環境上所賦予的優勢。再加化權，這種優勢則更能有掌握力量。

至於人緣的結合方面，同時也是非常強勢的。我們看武曲居廟坐命的人（在辰、戌宮），對宮（遷移宮）中有貪狼居廟。貪狼是好運星，也是桃花星，更是快速活動、運動的星曜，自然在人緣方面又掌握了好運。

武相坐命的人，有貪狼居旺在夫妻宮。夫妻宮也是代表內在潛層思想的宮位。所以在武相坐命者的內心深處就具有無限好運的敏感性，與人緣性感上的媚力色彩了。所以在這些人的命格中再加上化權星，增加了主控能力，豈不是一切的天時、地利、人和都有操之在我的境界之中了嗎？

武曲星代表政治，代表利益、金錢。有武曲居旺化權時，其競爭力是直接有力的。尤其是在政治性的議題、政治性爭權奪利的說服協商上，以及金融、經濟、錢財利益方面的說服協商上著力點會更深切，更能掌握得強勢的主控力來。

有貪狼居廟、居旺化權在命宮的人

有貪狼居廟帶化權在命宮的人是己年所出生的貪狼單星坐命辰、戌宮的人，或己年所出生的武曲、貪狼化權雙星坐命在丑宮、或未宮的人。倘若是貪狼單星居旺帶化權坐命的人，則是己年所出生的貪狼化權坐命子宮或午宮的人。

貪狼是好運星，也代表桃花，更具有一種特殊強悍的煞氣，這也是一種特殊的競爭力。再加化權在命宮時，上述的各項特點更是加倍的展現了特質。因此貪狼居旺化權坐命的人，也常是軍警界中為大將軍、將領階級的人。

貪狼居旺化權的人，因為對好運有特殊的敏感力，而氣勢強旺。尤其在競爭激烈的場合裡更是常勝軍。其實貪狼坐命的人，雖然人緣好、桃花強，但對人與人之間感情關係的敏銳力並不很強，他也並不關心別人的好惡和情緒起伏，他的內心是粗枝大葉型的。他只是對好運的敏感能力較強罷了。再有化權時，就是對好運敏感的控制力很強，因此容易得勝。倘若再有武曲、火星、

鈴星和貪狼居旺化權同宮或相照，更會具有四倍、六倍、十倍以上的旺運主導權，這是雙重暴發運格的關係。這樣的人，在說服協商事件中總是佔據優勢地位，是極端令人艷羨的。

有天機居廟、居旺化權在命宮的人

有天機居廟化權在命宮的人，是丙年所出生的天機坐命子宮或午宮的人。有天機居旺化權在命宮的人，是丙年所出生的機巨坐命卯、酉宮的人，以及天機在得地命格旺位時的機陰坐命寅、申宮的人。

天機是一顆帶有變化、變動意味的星曜，運動的速度很快，變化的範圍也很廣。舉凡環境的變動，例如遷居、搬家、改變地點，也包括了工作上、情勢上的變動。更帶有人生中的運氣起伏以及人生勞碌奔波或工作上的忙碌及流動性等等。天機也代表聰明、智慧，代表身體上的活動，更代表了人情感、情緒上的波動和不確定。因此天機這顆星曜其實就完全包括了『天時、地利、人和』、『時間、空間、人緣磁場』上的關鍵性變化。天機居旺時，上述這些變化，雖然像一池春水般流動著、盪漾著，但最終的結局是朝向吉的方向形成驚嘆號的結果。結果是好的！再有化權，就會像劃上有力的完美休止符一樣，令人讚嘆！有天機居旺化權在命宮的人，都會是一個最強勢有力的指揮者。過程雖然曲折，但能控制一場完美演出一般的主控整個事件的陰陽頓錯，高低起伏，並且主導了最後勝利的結果。

而且天機化權的力量，就在於多變化的環境和曲折離奇的事件相繼上演。時間、空間、人緣上三次元的快速轉來轉去的力量，才是天機居旺化權能真正使到力、能發揮作用的地方。倘若靜守不動，或不因應變化，天機居旺化權便沒有用，而失敗了。

有天同居廟、居旺化權在命宮的人

有天同居廟帶化權在命宮的人，是丁年出生的天同坐命巳、亥宮的人。有天同居旺帶化權在命宮的人，是丁年生同陰坐命子宮的人和丁年出生的同梁坐命申宮的人。

天同是一顆福星，居廟、居旺時福力雄厚。天同也代表一種自然的、渾然天成、自然而然形成或得到、享受的力量。在說服協商中、政治中、競爭中能夠毫不費吹灰之力的得到勝利。這是每個人所想望的事，到底可不可能有這樣好的際遇呢？當然可能！只要你的命宮中，或財、官、遷、福等宮有天同居旺位帶化權的人，就可以毫不擔心，也不需多費腦筋的得到了這種主控力量。

有天同居旺化權在命宮的人，常常會遇到的狀況是：一件事情看起有利益，搶得人很多、爭鬥很厲害，周圍的人也多半勾心鬥角，極具陰謀，費盡心思的在爭鬥。但是大家在爭鬥、陰謀中發現競爭者太多，而太困難得勝，甚至會感覺到，即使得勝、利益也會被瓜分而減少，因此紛紛相繼放棄，退出競爭，最後在沒有競爭者的情況之下，利益全歸這個天同居旺化權坐命的人所享用，而且是十分豐美的利益。令先前參與的競爭者扼腕慨嘆！這

▼說服力包山包海一把罩

就是天同居旺化權的作用。

有時候天同居旺、居廟化權看起來像『傻人有傻福』。或是『不爭也是爭』的競爭方法，但是此命格的人就是有這種天生的性格和能力，能夠等到最後的結果。在曲終人散之後來撿現成的便宜。

基本上天同化權坐命巳、亥宮的人，和天同化權、太陰坐命子宮的人，以及天同化權、天梁坐命申宮的人，在命理格局和人生格局上都不一樣。在巳、亥宮坐命的天同化權的人，是非常積極、有能力、懂得世故，有競爭智慧和心態的人。強勢的親和力，讓別人自然而然的信服，而希望把利益與此人共享，或是乾脆把利益讓給他。因此坐命巳、亥宮的天同化權坐命者是極具說服協商優勢資格的人。

天同化權、太陰坐命子宮的人，也是具有競爭心態和智慧，又加上有對事務的敏感力，人情、世故非常圓融、手段極佳、能哄人、安慰人，用真情打動別人，使別人把利益讓給他而是有優勢說服力的人。

坐命申宮的天同化權、天梁坐命者，在命理格局和人生格局上，是屬於比較懶惰、笨拙、工作能力和智慧都不強的人，也沒有競爭心。這種命格的天同化權只是維護其本人的享福和懶惰，不想要做事的心態多一點。因此此命格的人在說服協商優勢上是真正等到最後撿便宜、撿現成享受的成果的人。

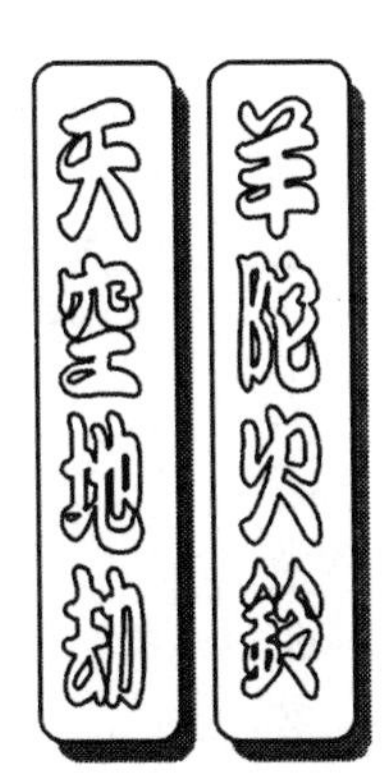

有太陰居廟、居旺化權在命宮的人

有太陰居廟帶化權在命宮的人，是戊年出生的太陰坐命亥宮，以及戊年出生日月坐命丑宮的人。

有太陰居旺帶化權在命宮的人，是戊年出生的太陰單星坐命戌宮、酉宮的人，以及戊年出生同陰坐命子宮、機陰坐命寅宮的人。

太陰是一個內在感覺靈敏的星，同時也是感情充沛、多愁善感的星。太陰也是財星，代表陰財（暗地裡的財如薪水等）、儲蓄的財，也代表房地產等屬於土地方面的財。有太陰化權時，表示有一種陰暗的、潛藏的主控力量非常強勢。太陰更代表女人，因此太陰化權為代表女性勢力的主控權，這和太陽化權是一種相對極端的、陰陽兩面的主控力量。

因此凡是在談判中有這種太陰居旺化權的人參與了。在整個的說服協商過程中就會形成暗流激湧的感覺。有一種莫名暗藏的情緒在流動，會刺激參與者更情緒化，更感性十足，往往會超出題外的話題。在經過一番感情、感性的沉溺之後，最後，太陰是財星，仍是以利益為重，因此在大家尚未恢復傷感之際，太陰化權的人，便快速的收網，說服力優勢的成功果實便在握了。

並且我們也可以在這些說服協商中發現，只要有太陰化權坐命參與的人，那個人就是弱勢團體、女人、婦孺的代言人，彷彿一切弱勢正義可以得到伸張一般。倘若太陰居旺化權坐命的人，本身是女人。則女性主義抬頭，女強人在說服協商中雖引起爭議，但她會運用暗中溝通的方式，個個擊破對手，形成暗中對自己的支持力量，最後平和落幕，贏得最後勝利，她不但會使大家都得到利益，自己所得到的利益則更形豐厚。

有破軍居廟、居旺化權在命宮的人

有破軍居廟化權在命宮的人，是甲年出生的破軍坐命子、午宮的人。有破軍單星居旺化權在命宮的人，是甲年出生的破軍坐命辰、戌宮的人。破軍在寅、申宮為得地剛合格的旺位，此命格若生在甲年，也可以列為旺位的破軍化權坐命的人。

破軍是一顆煞星，有爭強鬥狠、戰鬥性強的特質。例如它多疑、反覆無常、翻臉無情、有私心、報復心態、好勝心強、幹勁十足，不做而已，做下去必定要一鳴驚人。通常它是狂傲、凶暴、六親不認的。因此破軍坐命者，全都是沙場拚命、爭戰的將士人選。就像目前在台灣在野的民進黨中，破軍坐命的人非常多，而且廉破坐命的人數也最多，當然爭鬥就特別凶了，並且無時無刻不在爭鬥之中。

我在很多本書中談到天相坐命者永遠是替破軍坐命者收拾殘局、擦屁股的人。天相坐命者與破軍坐命者最相合，相互看得順眼，也會在相同的環境中出現，這是一點也不錯的。

破軍坐命的優點在於敢大膽的搞破壞以謀求勝利。有時候除舊佈新也很須要他們的剛毅決心和決斷力。有化權相隨時，在下決定時很快，執行時更迅速，而且吃苦耐勞，有堅定打拚的意志力，讓人望而生畏。所以有破軍居旺化權在命宮的人，只要下了決心，便幾乎沒有做不到的事情，這在說服協商中是一種強勢要

贏的競爭力。

但是無論破軍居廟、居陷，或帶化權、化祿，都是有破耗的缺點，這是絲毫都逃不了的。況且破軍化權就是以連破耗、浪費也不在乎，更是連破壞、損毀，消滅了、死亡了也不在乎，毫不顧阻礙的去完成任務，達成最後勝利的競爭。所以破軍居旺化權的成功，根本就是用『一將功成萬骨枯』的精神，去達成自我勝利的。也因此，你若要和破軍居旺化權坐命的人去成為說服協商對手或競爭對手，你也必須是一個命硬的強者。更必須經得起時間、空間上的長期不可，否則你會比他先夭折、消失了。

有巨門居廟、居旺化權在命宮的人

有巨門居廟化權在命宮的人，是癸年出生的機巨坐命者和癸年所出生的陽巨坐命寅宮者。

有巨門居旺化權在命宮的人，是癸年生的巨門單星坐命子、午、巳、亥宮的人。**巨門俗稱『隔角煞』，算是一顆煞星**，也是陰精之星，主是非暗昧，稱『暗星』。巨門也代表一種爭鬥，是私底下暗鬥的狀況，巨門的特質也是猜疑心重，個性閃爍不定，一會兒好，一會兒壞，又嘮叨、挑剔、注意小節，會要求別人，不要求自己，對任何事都有不滿現狀，有永不滿足的心態。我們倘若用巨門星和破軍星來做一個比較，就會發現者兩者之間有很多的相似處。都有多疑、好爭鬥、有私心、反覆無常、翻臉無情的特性。但是有一點略有不同的是：破軍具有狂傲不羈、凶暴、殘忍、毀滅的性格。而巨門是暗星、陰精之星的關係，會有檯面下的交易，或陰險狡詐、暗害的方式來致勝。表面上看起來較溫和，實際其毀滅性是不輸給破軍的。

有巨門化權居廟、居旺在命宮的人，是講話具有煽動性的人。他們有敏銳的直覺，很快的就能找出對手心中最渴望的關鍵想法，或是很快的就能發現對手的痛腳、弱點，而加以處理也能找出對手最渴望的事情，他就誇下海口，拍胸脯保證為對方解決，發現對手痛腳、弱點的，他就奮力攻擊，直到對方倒下認輸為止。

巨門坐命的人，不論命宮旺弱，其人都很會說話，有極強的口才能力，是眾所周知的。勿寧說其人口才佳，更必須注意這實

際上是一種巧言令色的行徑。而有巨門居旺、居廟化權在命宮的人，會運用這項巧言令色的技巧，並使其合理化，讓眾人接受。有時候，我們看到巨門居旺化權坐命的人，在運用這種巧言令色的技巧時，簡直像是在催眠一樣，使眾人如癡如醉，根本失去了個人思考的能力，毫不思索的就被巨門居旺化權的人所擄獲了。所以這種巨門居旺化權的人，是非常適合做當下的政治人物，或做競選、拉票的活動的。這種強勢的，能主導別人、主控別人，站在與自己相同位置上來看待事情的技巧或魅力和能力，實則就是『談判』術上最高的學問、技術了。

其實，只要有巨門居旺化權在『命、遷、夫、福』四個宮位出現，其人都會具有這種『說服協商』術上之最高學問和技巧。甚至是巨門居旺、居廟坐命，有化權在對宮（遷移宮）相照的人，也會具有這種強勢的、說服能力的技巧，例如目前的高雄市長謝長廷是巨門居旺坐命子宮的人，丙年生，對宮有天機居廟化權。天機化權是一種能掌握機會、變化的主控力量。他本人是巨門坐命，很會說話，並且能掌握機會，主控機變，相對的煽動性、說服能力也很強。因此能在艱苦的選戰中贏得市長之寶座。另一方面他也很會利用陳進興的案子、讓自己從谷底翻升。陳進興案是人人痛惡，恨不得以誅之的案子，別人都不敢碰，而他就敢於掌握機變，使下降的名聲轉敗為勝，這就是天機化權加上巨門的功勞了。所以他這個案例還是和真正巨門居旺化權的命宮的人有所不同的。

政治圈、競選通常都是最尖銳的說服協商運動，能在這種環境生存、活動的人，都是具有極強勢說服能力的人。倘若用政治人物來參與商業性的說服協商，也必然是無堅不摧、無強不克的適用者了。事實上，目前台灣林林總總的大型商業說服協商中，也多半是有這些政治人物參與的，因此大型的商業說服協商也可以說是政治角力的延伸，和政治角力的戰爭也不為過的。

十種化權星的特性創造各種不同的成功類型

基本上前述十種化權星各有其性格特性，贏的方式也不同。例如紫微居旺化權和太陽居旺化權和天梁居旺化權，帶有霸道式，高高在上、領導階層，是由上向下俯視的方式而強制別人順從。所以他們在和別人交談時，必然是堅守自己已形成、建立的道理，再用氣勢和信念擊敗對方。倘若對方能攻破其道理說詞，證明其不夠完美，則這三個命格的人，自然會軟化下來。這樣，他們才能以平等與平和的心來看待說服協商的對手。但是有紫微居旺化權在命宮的人，依然能使萬事平順，依然能得到尊重的高地位。並不會因為道理站不住腳，而被嫌棄鄙視。有太陽居旺化權在命格的人，縱然其所據之理被攻破，也依然能寬容、公平的承認對方，或道歉。也依然會受到說服協商對手的尊重。有台階給他下。有天梁居旺化權在命宮的人，當有人攻破其說詞道理時，起先是很不悅的，他會軟化，但不會承認自己的錯誤，或道理不夠完善。有時他會堅持己見，有時他也會讓對方陳述對雙方都有利的解決方案。但在各方面看來都是頑固、強硬的。不過，你要清楚，只要他給你講話的機會，給你發表意見的機會，就是已有軟化的跡象了。

有天機化權、巨門化權、天同化權、太陰化權、貪狼化權、武曲化權、破軍化權在命格的人，是比較具有同輩間相互較勁的關係地位的。有天機居旺化權在命格的人，精明鬼怪，處處尋找機會在鑽你說話的漏洞。也在觀察你動作上、表情上的起伏。倘若你是氣勢很強，在說服協商中站上方有贏的把握的人，但是頻頻出入協商會場，感覺上你的心情很浮動，似乎顯示或開闢新戰場，內部有問題，你就要小心了！倘若對方正是天機居旺化權的人，就恐怕是他贏，成功的人就不會是你了。有巨門居旺化權的人，常用的手段也會另外製造一個話題引開人們的注意力，使你的注意力不要太關注在他較弱的一環。他也會製造是非，引起動亂，愈亂愈好，用混水摸魚的方式來搶佔贏方的寶座。

說服力
包山包海一把罩

有天同居旺化權在命格的人，多半是別人主動上門求和，或是將利益奉上，他是根本不需要也不會多費口舌來爭戰的。倘若此命格的人想爭戰，或去說服對方，天同居旺化權的作用只能使你受到溫和的對待，在說服協商的議題上是無效的。別人會用好言好語來打發你，你根本找不到主角來說服協商。因此有天同居旺化權在命格的人，你只有『等待』，等對方來找你談，你就會具有天助、自然的福氣，站在贏方的位置了。

有太陰居旺化權在命格的人，是用感覺、情緒變化，以及女性長輩的高壓式，如錢財上的優勢來壓制對方的。其中頑固、霸道的成份也和太陽居旺化權有點像，但是屬於私底下的、暗中的，和女性權力有關的模式。因此有這種太陰居旺化權在命格的人和你協談，你必須小心事情背後的發展情況，也要小心幕後另一場暗夜的協商會決定你整個說服協商的命運。更要小心背後強勢女性的介入，會影響整個說服協商的結果。倘若你通曉協商對方的人際關係，你也可以倒因為果，利用說服協商對方的背後之強勢有力的女性（例如對方的母親、妻、女之關係從背面來說服他。或是利用傍晚或夜間的時刻在協商以外的時間，找到對方，與之協調，這樣勝算的機會是非常大的。

貪狼居旺化權和武曲居廟、居旺化權和破軍居旺化權在命格的人，都是速戰速決的人，有貪狼居旺化權的人講究的是機會和時間，還有緣份（看得順眼），並且你一定要跟得上他的腳步，不能被他嫌笨。倘若被他嫌笨，便無法有好的溝通機會，也失去了說服協商的致勝機會了。

有武曲居廟化權在命格的人，講究的是專業技術和利益多寡的計算方式與結果。一定要具備有這兩項特性的人，才能與之抗衡，若對方是武曲居廟化權坐命的人，你是一點也不能馬虎的，數字要清楚，專業能力要強，並能點出對方的問題核心，還要算好時間，你才可坐上贏的寶座上了。

有破軍居旺化權在命格的人，講究的是大膽、敢拚，倘若你比他更大膽，更有奮發能力，更拚命，更不計後果，更不怕浪費錢，你就可以贏他了。

一般人在商業說服協商或生活事務上的說服協商，要是能運用前述這些具有居廟、居旺帶化權星的命格來應用、主導，要贏以及獲得強勢美好的結局，就是易如反掌的事了。

第八章　如何判斷對方的思路、性格、喜好、運氣

我們要利用紫微命理來預測說服協商時所遇到之對手的性格、想法和運氣來掌握和預測說服協商時自己的籌碼有多少？和預測自己勝負比例為何？其實是非常簡單的事情。前面說過，把說服協商對手分為兩種，一種是熟識的、知己知彼的人，一種是未曾謀面或不熟悉、不認識的人。

如何預測說服協商對手的想法和運氣

1 排一張協商對手的命盤來研判對手

當然！要被說服及協商的對手以熟悉的、自家人或知己知彼的朋友為最好辦！你若是知道他的生日，排一張命盤出來，就全部一目瞭然，而且他所有的想法、運氣、出招盡在你的掌握之間了。

即使只知道年、月、日，而不知生辰時間也沒有關係，最笨而最有效的方法，就是用十二個時辰逐一去試排命盤，看那一個命宮主星最像你的協商對手的這個人的長相。那這個時辰就是對的了。

一個人的命盤會顯露其人所有的資料，包括了身世、長相、

遺傳、基因，六親關係，智慧的高低，思考事物的模式，愛恨、善惡，以及內心深底最在意的癥結所在。同時也會顯露出此人的能幹和奮鬥力如何？會不會是強勁的對手？何事是他的罩門？可以破解他。所以我常覺得洩露一個人的生辰八字簡直比洩露一個人的身份證字號還嚴重哪！

知己知彼的人用命盤就可以找出對方在談判中心底的底線。

也可以用對手命盤的『命、財、官』、『夫、遷、福』等宮位找出其人出招的方式和方法。更可以兼看流運，把握對方的運氣。在對方運氣強旺時，先不要出招。或把協商時間更改到後面，以自己運氣強過對方的時間來做為協商時間。不過要在這裡提醒你，你也不要太貪心了，選了一個自己運氣超強，而對方運氣超爛的時間來說服協商。運氣太爛的時間，皆是無財、無運的時間，其人常會想不開而鑽牛角尖、頑固不，力也會有與石俱焚、同歸於盡的想法，你和這樣一個人來說服、協商，即使你的運氣再好，最後也是得不償失或說服不成，或根本沒進入協商的過程，而功虧一匱的。所以你要選自己運氣稍強，對方運氣稍弱一點的時間為協商時間。如此一來說服才能順利進行，而又不會被人看出你的陰謀巧計了，這樣就更可以勝券在握了。

2 用紫微面相學來研判對手

對於不熟悉和初次見面的說服協商對象，我們可以紫微面相學來研判其人屬於那個命宮主星。有了命宮主星，大致的命盤格式就會出現。如此一來此人運氣運轉的方向、好運、壞運，大概你就心裡會有個數了。

《欲瞭解紫微面相方法的人，請看法雲居士所著『紫微面相學』一書》

3 用自己命盤的流日、流時來研判對手

倘若你一時無法確定此人的命宮主星，（也就是命格），也不要緊，你可以用你自己當日、當時的流運，來大致的預測一下你的說服協商對象。此時你自己命盤中的流日遷移宮或流時遷移宮就代表著屬於你外在環境中所遇到的人。所以通常當你自己處在殺、破、狼的流運時間中，而對手就是在一個溫和、弱勢的環境中，而你的氣勢是比較旺的。不過你不可前用廉破、廉貪的時

間，會佔不到便宜。用貪狼在子、午、寅、申宮的時間也佔不到便宜。因為貪狼在子、午宮時，對宮是紫微星。你的對手會是氣派穩重，又高高在上，霸道的人，而你會成為圓滑又卑躬屈膝的人。你就勝不他了。當貪狼在寅、申宮居平的時間中，對宮是廉貞居廟，表示你的對手是精明、陰險、善於營謀爭鬥的人，你一定勝不了他，而痛苦了。

另外，你也可以用人外觀的五行來形相觀察你要說服協商對手。

4 用五行相形來研判對手

用人的體型外觀、五行相形來觀察說服協商對手

外型屬木的人

譬如說：人體型的外形是瘦瘦高高的，或是中等瘦型的人，此人的臉色是青白色，或黃青色，如菜色，則此人多半是外型『屬木』的人。外型屬木的人，多半具有『機月同梁』格，是一種薪水族的命格，賺錢方式是以薪資所得為主，慢慢積蓄而富裕的。

在外型屬木的人當中，鮮少有人會直接暴發大富而成為富翁的，他們其中也會有人有暴發運，但『暴起暴落』的現象很明顯。而且這些人大致上口才都很好，善於詭辯，在講理、瞎掰上你可能講不過他。這些人很可能會是天機坐命的人、機梁坐命的人、機巨坐命的人、機陰坐命的人、太陰坐命的人。

你可以再用年份天干來觀察外型屬木的人。

外型屬木的人，常逢到木火年（例如年干支納音屬木屬火，或天干上是甲、乙、丙、丁等年份），就會運氣特別好，臉色也清明紅潤起來了。你就知道此人命格中是需要木火旺的運程的。此人的善用神也是木火之類的元神了，當他們逢到金水年（例如年干支納音屬金水，或天干上有庚、辛、壬、癸等的年份），就運氣逢低不佳，臉色會鐵青，沒有精神，財運也會不順利。此時你與他說服協商，他運氣好，臉色潤澤，其人也聰明、好講話，在協談中會找到彼此利益的相交集的位置點。談判進行較順利，容易成功。倘若協商時間正逢其人運不好的時候，其人常會說些不講理、霸道、頑固的話語。也會採取不合作的態度，因此說服協商的成績和結果是會打折扣的。倘若對方的運氣實在太差，他也容易用拚命的方式和你一較高下或同歸於盡。

外型屬金的人

外型屬金的人，是體型比瘦型人壯碩一點，但並不肥胖的人。通常外型金的人，長相會比較美麗、明亮、聲音也清脆嘹亮。高興的時候，聲音特別大，愛表現，不高興的時候會躲在角落無人的地方，臉色鐵青，硬梆梆的。當然！人在高興的時候，就是運氣好的時候。人在生氣，不愉快的時候就是運氣弱或差的時候了。

外型屬金的人，比較多的，是生於夏季的人。八字中有『火長夏天金疊疊』之格，表示不論火命逢金，或金命逢火皆主富。

說服力
包山包海一把罩

而且據我的調查顯示，在夏天出生的人，據有暴發運和偏財運的人特別多。有這種好運道在，當然也特別容易主富，但是富得長不長久便不一定了。

外型屬金的人，外表明亮討喜，喜歡表現，做事較積極。喜歡得到別人的讚美。在說服協商心態上希望促成事情的成功。但也有堅強、堅定的意志力和決定。感覺上他們的主見較具體而堅持。也善於取捨較佳的利益。不像外型屬木的人，容易拿不定主意，又容易生氣。

外型屬金的人，有武曲坐命的人、武殺坐命的人、武府坐命的人、武破坐命的人、部份紫微坐命的人、部份廉貞坐命的人、部份太陽坐命的人、部份貪狼坐命的人、部份巨門坐命的人、天府坐命的人、部份天相坐命的人等等。

我們再用年份天干來觀察外型屬金的人

倘若外型屬金的人，逢到金水年（如年干支納音屬金或水，或逢年天干上是庚、辛、壬、癸等年份）則氣度嫻雅，神清氣爽。逢到木火年（指年干支納音屬木、屬火，或年干有甲、乙、丙、丁的年份）就氣弱、懶散、態度不積極的樣子，就表示此人是喜用神為金水，**走金水運的人，而忌神為木火**。逢木火年便運氣差，身體差，情緒不佳了。而此人的命中最是缺水，是屬於遇水則發的人。

倘若外型屬金的人，遇到木火年並不難過，遇金水年反而運氣不佳，則此人命中水太多，喜用神多半是火。他可能也是冬天生的人。因為夏天生的外型屬金的人，或金命的人，多半命格是缺水的。

由此看來，要想掌握這場說服協商，由對手的外觀體型和當時天氣季節的變化，以及人神情萎靡、振作的精神狀態，自然能感應與感覺出這場說服協商的勝券是否在握了。

外型屬火的人

外型屬火的人，是體型中等，外型精壯或瘦，圓長或小臉，有時膚色為健康黑褐色，有時為青白色。神色急促、急躁、火爆，有時會抖動身體、四肢。尤其是抖動腿部，動作像美國黑人的動作一般。眼神飄忽、閃爍、行動快速，靜不下來，也永遠在一個地方停不久。有時他們講話速度也很快，有時卻不善言詞。

性情也是衝動的，常會不耐煩於稍長的晤談。這種人當然在協商時，也是隨時由身體的動作語言顯現出來不耐煩、急躁的狀況。這常會影響說服協商的運行，或不歡而散，無從協商起，或此人再三要求迅速做結論，以致於細節粗糙，使談判沒有意義。

外型屬火的人，喜歡新鮮的事情，只有三分鐘熱度。起先積極、虎頭蛇尾，也不在乎別人對他的看法。大多數外型屬火的人，做事速戰速決，很多事情像是沒經過思考、不長腦子做出來的一般。做錯了，吃了虧又後悔，只有少數外型屬火的人，才能真的有機變的智慧，速戰速決，會有腦子、有思慮，想得快與周全的。

外型屬火的人有命宮中有火星、鈴星出現的人，以及火星、鈴星和其他如太陽、廉貞、貪狼、天梁、紫微、天府等坐命的人。

我們若用年份天干或季節來觀察外型屬火的人。倘若外型屬火的人，逢到當時年干為木火土年（例如年干支納音屬木或火或是土年，或是逢季節為春末、夏季，以及屬土的月份，包括三、六、九月）此人的動作非常的急促不安、暴躁、懶散，態度馬虎、草率，靜不下來，言詞衝動、不理智，也不禮貌，眼神更閃爍或身體抖動不停，就表示此人命格中缺水缺得厲害。其人的喜用神定然是金水，逢金水年則發，逢冬季人才會舒服、暢快、聰明，有智慧、運氣好。在夏天是情緒不穩定的、粗暴、也容易不講理的，因此你要看當時的季節月份、年份來定和此人說服協商的內容和結果了。

但這種外表看起來頭腦簡單、容易衝動的人，有時也非常好利用，並不是完全在說服協商中無法控制的。有時你也可反方向操作，利用激將法，將其人刺激一下，使其人情緒激動、衝動，有時也能達成你的目的。這種人往往無法老謀深算，反而是最能簡單解決的人。但是要注意臨界點在什麼地方？這種人也極易衝動闖禍、或引起殺機，不顧後果。所以要注意凡事不能太超過臨界點，以防引火自焚的危險。

外型屬水的人

外型屬水的人，是體型胖胖大大的，外觀溫和、隨遇而安，人緣很好，沒有激進、亢奮的態度，看起來脾氣很好的人，他們有些人有清澈的眼神，雖然有些胖壯，但身體動作聰明、靈巧，

這是屬於『活水』的人。某些人胖壯卻有愚笨、魯鈍之相，這就是屬於『死水』的人。

外型屬水的人，為一切肥胖的人。包括天同坐命肥胖的人、天機坐命肥胖的人、巨門坐命肥胖的人、天相坐命肥胖的人、同梁坐命肥胖的人、破軍坐命肥胖的人等等。

我們再用年份天干或季節來觀察外型屬水的人。倘若外型屬水的人，在夏天或年份天干為火年、土年（如年干支納音屬火或土，或逢年干上是丙、丁、戊、己等年份）時，仍能保持平和、溫和的態度，脾氣好，不容易生氣，眼神清澈、聰明、動作靈巧，做事負責，看起來運氣也不差的人，則是屬於冬天所生的人，因此命格不畏夏炎火烤。為其喜用神為火之人。倘若在夏季或年份為火土年頻頻揮汗，性情暴躁，容易生病，態度惡劣，愛

抱怨，有懶惰現象，臉色氣濁的人，則是夏天所生的人，喜用神為金水之人，要逢冬季、水多的年份，運氣才會好。反過來說，在冬季和屬金水的年份時來看協商對方是胖子的人，倘若此時其人態度溫和、講理，善於溝通、協調，做事積極，運氣不錯，則此人的喜用神為金水。在冬季或年干屬金水的年份，逢協商對手是胖型的人，若脾氣急躁，容易生氣、衝動，與人格格不入，常唱反調，做事不積極，運氣有停滯現象的人，則此人是冬日所生，水多，命格較寒，喜用神為火的人。

我們看此人的外觀體型和態度，再用季節、月份、年干支的變化對照，便可知道此人的喜用神，再用此人的喜用神做協商應變的利用，**也可在說服協商時在方位上採取制約的效果**，來達到使我們說服勝利或協商成功的目的，倘若是競爭性強的說服協商，便引導此人至不合於此人喜用神的方位，也就是引導此人至其人之忌方，而你自己處於自己喜用神的吉方，你才會勝利。倘若是想與對方協調事件，最好讓雙方都各處於自己喜用神之吉方。則大家都有好運氣，形成容易親和、互惠的好環境，自然便可順利協商成功了。

外型屬土的人

外型屬土的人，是體型略寬，屬於略矮胖型，或面帶鄉土風味。性格內斂，衣著土氣、不時髦的人。他們是性格頑固，有時是不喜言詞表達，但內在思慮頻繁活動，內奸在心的人。某些外型屬土的人，也會帶有笨拙魯鈍之相，動作緩慢，思慮也緩慢的現象。

外型屬土的人有天梁坐命、部份紫微坐命的人、部份廉貞坐命的人、部份太陽坐命的人、部份天府坐命的人、部份天相坐命的人、部份破軍坐命的人、部份廉破坐命的人、機梁坐命的人、紫微坐命的人、部份廉貪坐命的人、陽巨坐命的人，凡八字命格中土多的人，外型上也多帶土氣。

我們再用季節或年份干支來觀察外型屬土的人。倘若外型屬土的人，逢到是夏季或火土年（如年干支納音為火或木，或逢年天干為甲、乙、丙、丁年），臉上發亮，神清氣爽，意態優嫻，不慌不忙，行動快慢有節奏，看起來運氣不錯的人，是冬天所生，命中帶金水多一點，需要火和木使其發奮的人。因此在春夏及木火旺的年份，會做事積極，運氣好。倘若在夏天萎靡、不愛

動，在年干支是丙、丁、戊、己年運不佳，多傷病之災，對人不友善，頑固不化，寧死也不屈從，難開協調之門的人，是夏天和土月所生的人，火土太旺，缺水，其人的腎臟不好，也易開刀，喜用神為金水，是必須逢秋冬才會轉運的人。

尤其人的體型外觀和當時的季節、年份我們就可觀察出此人在說服協商時即將出現的態度問題，也可預料出說服協商結果是好是壞的問題出來了。當然！協商雙方都運氣好時，協商的速度快，容易達成共識，彼此能夠體諒，互信的程度高，說服協商容易成功。說服協商時，若有一方運氣欠佳，都會影響到協商進度與素質，也會影響到相互對待的態度，互信的基礎等問題。因此說服協商的勝負也會撲朔迷離一點！

第九章　如何利用喜用神方位戰勝對方

談到喜用神的應用時，很多人不知道喜用神是什麼？到底對我們有什麼影響？現在就簡單的來解釋一下。

喜用神從人之八字所出的，根據人出生時之生辰八字和出生月份，再找出最有利於此生辰八字的五行類別（金、木、水、火、土）出來，這個『五行』類別就是每個人的喜用神了。喜用神是藥，也是最能補足八字命格中所缺少的元素。喜用神也代表你生命中吉方與財方的磁場方向。**喜用神是你命格中元神的方**

向。喜用神更是你生死活命的仙丹。**在人活著的時候，我們需要利用喜用神的精神來尋找養生利命的條件**。在人死後更要喜用神方位來幫助我們的後人之發展延續。所以喜用神是超越時空，引領每個人在宇宙間如氣體般運行，永不消失的一股力量。

你不知道自己的命格和命運可以摸索度日。你若不知自己的喜用神方位，便永難成功。或不小心誤入忌神方位便一命嗚呼。喜用神有決定先天優勝和劣敗的影響力。同時，喜用神也是決定運氣升降和方向的控制儀。

喜用神代表運氣的方位與氣候、年份之間的關係。喜用神用五行來代表之，欲找出自己命格喜用神的方法。因須稍具八字命理知識。

故一般人可以：

一、請命理師代尋喜用神。

（一般命理師論命，這是必須告知客人的項目之一）

二、請看法雲居士所著『如何選取喜用神』上中下三冊一套書。

喜用神的方位

喜用神為『甲木』者—吉方為東方。行木運。

喜用神為『乙木』者—吉方為東方、東南方。行木運或木火運。

喜用神為『木火』者—吉方為東南方。行木火運。

喜用神為『丙火』者—吉方為南方。行火運。

喜用神為『丁火』者—吉方為南方、西南方。行火運。

喜用神為『戊土』者—吉方為中部。行土運或火運。

喜用神為『己土』者—吉方為中部。行土運。

喜用神為『火土』者—吉方為中部、南部。行火土運。

喜用神為『庚金』者—吉方為西方。行金運。

喜用神為『辛金』者—吉方為西方。行金運。

喜用神為『金水』者—吉方為西北方。行金水運。

喜用神為『壬水』者—吉方為北方。行水運。

喜用神為『癸水』者—吉方為北方。行水運。

喜用神：在命理學裡，它算是藥，可以醫治你八字中不足的部份，並綜合你八字中太過的部份。例如有人，八字中土多，就必須用木疏土，而『甲木』便是此人的喜用神。它是調和命理，使其中和與旺的物質。

如何利用喜用神選擇有利於自己的方位，促成說服協商成功勝利

在說服協商中最重要的，便是天時、地利、人和了。而確切的瞭解自己喜用神的人，便能有十足的把握掌握這場說服協商的勝利。至少它能增強你的信心，**你可利用『喜用神』說服協商的時間方面掌控**，也可利用喜用神在協商地點上做掌控。當你掌握到時間、地點與方向感時，同時也一起掌握了人和的部份。因為人和、人緣的因素就是從時間和地點方向綜合而來的。所以倘若時間和地點各為一條線，當時間的點和地點方位的點相交在一起時，就會產生人緣的關係了，這就是人和的因素了。

因此我們在選擇說服協商的時間時，就要特別注意，要選擇屬於自己喜用神的時間。例如喜用神是金水的人，最好選的日干

支是屬金水的。如壬申日或癸酉日等，或是日干上是庚、辛、壬、癸等字的日子。亦或是納音屬金水的日子，如甲申、乙酉為井泉水，壬戌、癸亥為大海水等的日子。

在方位上要注意選擇說服協商地點時，最好在你所住城市或住家的西方、北方的地方。這個地方會讓你有財、有利，說服協商致勝的機會很高。倘若你是到外國說服協商，喜用神為金水的人，以你目前居住台灣來看，你到美國、歐洲說服協商最有利。不過你最好是從西行坐飛機至歐美，從泰國曼谷這個方向至歐洲、美國較佳，或經由北極坐飛機至美國較好。因為這是方位的問題。倘若直接由台灣經日本東京飛至美國，則為向東行，則較不順利，不合喜用神方位了。喜用神為金水者，由東行赴美，坐飛機會較累，因為磁場逆行不合的原因所致。向北行，向西行至歐美，體力恢復快，情緒較穩定，做事也會順利。若喜用神為木

火者，向東行則佳，至日、韓說服協商最有利。在正式協商的會場中，若是大型的說服協商，最好就要先觀察地形坐位的方向，這非常要緊。方位也決定了說服協商的順利與否及勝負的條件。

例如你的喜用神是甲木或乙木的人，你的財方或吉方就是東方。在安排坐位時，你宜坐西朝東，面孔朝向你的財方和吉方。方向弄反了，你便處於忌方。嚴重的時候，你會屬於死方。這在奇門遁甲中就是處於死門之位，是非常不吉利的。當然這人不一定立即會死，但卻是處於凶方、敗地了，說服協商要成功的希望就渺茫了。而且人處於凶方、敗地時會自暴自棄、自甘墮落，也會放棄向上與競爭的機會。因此我們應把競爭對手引導至其人的凶方、敗地，而自己站於自己的財方吉地，這才是有利於說服力致勝風水的絕招。

自然你要把對手引導至對手的凶方、敗地，必先對說服協商

對手有一些瞭解才行。其中最有利的資料便是對手的生辰八字了。排一排命盤，選一下喜用神，此人便盡在你的掌握之中了。

倘若你無法得知對手的生日資料，你可以用自己喜用神的宜忌方位來處理。自己坐於自己的財方、吉方。將對手置於你凶方的位置來協商，只要你自己的方位正確，你便會擁有清楚、聰明，善於應變的頭腦，縱然沒有九分、十分的把握，但至少有六、七分的把握。也必在勝利之列了。

還有一點要注意的是：不但你要注意坐位的方向，同時也要注意說服協商地點的門向，也一定要合你的喜用神方向，否則你在一棟門向無財的房子中來進行說服協商，縱使坐位方向對了，但大環境中的磁場方向不合，仍是不具有吉運和財運的啊！

第十章　風水局能增強『說服力』的效果

通常人在說服協商時，有時會因有殷切之希望，而想用風水局助長自己的運勢，而達致致勝的效果。有時是因為說服協商地點地理不佳、地勢不好，而要用風水局來改變磁場、改變氣的流動方式，以至於可增進運氣而說服協商成功。

超強風水局能幫助「說服力」更成功

1 用樹擋煞

一般公共場所，例如大廳，空曠要分隔開來，或場所室內有洗手間，便所、廚房的門暴露在外廳及眾人眼瞼下時，讓人感覺不好，會以為有煙或臭氣薰來的感覺時，會用樹來隔開，或擋住難看不雅的景象。而在說服協商時，亦可能會因雙方競爭激烈、炮火凶猛，而在佈置會場時，把會議桌佈置成馬蹄型或橢圓型圍繞排列。再在馬蹄型或橢圓型的中間，放一排矮樹或矮型花樹，這既增加會場的美觀，實則有擋煞的效用。也可以穩定雙方兵馬交戰時的情緒激烈。

另外當你不小心坐在面對廁所、廚房等不佳的說服協商位置時，最好有樹來擋煞、區隔開來。否則一開始便有煞氣相沖，令人產生不愉快的感覺情緒，注意力會不集中，也是在說服協商中失利的主要原因之一，因此要注意了！

在一九九八年（戊寅年）的年底十一月的時候，在美國的中國大使館向美方抗議，在中國大使館大門對面的公園內蓋了一所公廁，而這個公廁的大門正對面著中國大使館的大門，是直沖。雖然公廁在公園內，但清晰可見，沖剋很嚴重。當時，中國警告美國政府，若美方不改善，將會嚴重傷害兩國友誼邦交。說服協商結果，最後風水師提出一個辦法，就是要美國人在廁所前種一排高大的杉木，擋去穢氣沖煞，解決了這個問題。此後我們也看到中國大陸在與美方的說服協商中也常是常勝軍。因此『用樹擋

煞』的效果是可以肯定的。

倘若你說服協商的對手太凶惡、蠻橫、火爆，你也可用花樹放在兩造的說服協商桌中間來擋一下，試一下『用樹擋煞』的效果吧！

2 用水化煞

一般建築，倘若對面有不好的景觀，或太空曠。也會用水池、噴水池、魚池置於建築前方的地帶，這就是『用水化煞』的作用了。而水池千萬不可放在建築物的後面，否則財會留不住，也會有破敗的現象。一些人也會在室內放置魚缸、小噴泉擺飾來增加調合自己的運氣。但這必須是喜用神是金水格局的人才能用。就像室內放置水晶類的擺設一樣，必須喜用神是金水（庚、辛、壬、癸）的人才能用。倘若是喜用神是甲、乙、丙、丁、戊、己的人，用魚缸、噴泉擺設、水晶擺設，破耗得很快，而且運氣更形洩氣，有時會一敗塗地或傷災、血光連連，這是一點都不能弄錯的。

在說服協商場所放魚缸、噴泉、水晶，這些五行屬水的裝飾，必須放於你這一方之主要說服協商者喜用神的方位，也就是西方或北方，而你或你這一方主談者必須面對這個屬於你，或主談者的吉方、財方的地方，對你才會有好的影響。切記，不要把吉祥物放於凶方，否則是沒用的。有屬於水的吉祥物品放在喜用神正確的方位的人，自然可利用水來避煞，解除暴戾之氣，也可以增加自己人緣和機會的圓融。

3 『白虎照堂』局

在說服協商時，倘若你想制約協商對手，便可以用這個『白虎照堂局』了。**方法是：倘若說服協商場所的房間內有一面有太陽光線會照入的窗戶，而你將說服協商時間剛好排在光線射入最強的時刻**。再把說服協商對手安排在面向窗的位置，強烈的光線會使人的眼睛張不開，精神會不集中。此時你坐在背對有光線射入窗戶的位置，自然你是不受影響的，狀況完全被你控制，對方也無心戀戰，很快的便會結束說服協商，讓你說服協商勝利了。太陽光便是所謂的白虎。很多人都會自然的運用這個格局的位置。尤其是老闆對付嚕嗦、意見多的員工，或要求加薪的員工，便會叫他到自己的辦公桌前，有了這個格局，員工的眼都照花了，自然沒有太多嚕嗦的事情了。

不過，『白虎照堂局』對付那些命格中火多、缺水的人，或眼睛怕光的人較有效。對於太陰坐命的人，或命格中有『日月反背』格局的人，以及命格中需要火的人，是不見得有效的。因為這些人對於光和熱有極大的容忍度和需求度。陽光的照射反而可使他們激起奮發之心，而有衝勁。也許更增競爭力也說不一定。因此你必須弄清楚對方之命格才能運用此格局。

4 『天羅地網』局

『天羅地網』局為制裁性的風水局。也屬於陰險型的風水局。通常主事協商的人，會在說服協商現場的場地中，把冷氣出風口、出氣口上蒙上黑網，使在說服協商現場的人感覺運氣運行不順暢，有停滯或空氣不佳的現象而讓對手失敗。但自己若也處於這個『天羅地網』的格局中，同樣也是運氣不佳的狀況，制裁別人，同時也制裁了自己，是兩敗俱傷居多的狀況。

另外一種『天羅地網局』也很特別。有一位仁兄告訴我，有一回他為了阻止女兒的婚事，特別叫女兒的男朋友到他家樓上陽台上談判。他在頂樓陽台種了許多蘭花，蘭花怕烈日，因此，陽台上架製鋪設了許多黑網。這位仁兄說，他為女兒的婚事終日煩心，不能成眠，邀女兒的男友來談判也十分不得已，他不希望女兒因一時糊塗心急嫁給不該嫁的人。也擔心這位能說善道的男子精靈鬼怪，沒辦法說服。但是說也奇怪的是：那天晚上他們在樓頂陽台上談判不過數十分鐘，那位男子話很少，經過交換條件，

隨後便行同意與他的女兒分手並不再來往。說服協商進行非常順利。他一直懷疑此事是不是真的？可是此後那位男子真的不再出現了。現今他的女兒已有了很好的歸宿，但他心中始終對那天協商的事覺得詭異有蹊翹。我笑說：你佈了天羅地網局，此人也覺得詭異，焉能不怕？

其實此位仁兄家樓頂陽台蒙上黑網紗種蘭花，我多次勸他改善除去，因為這像房屋帶了黑紗，像帶孝一般。這是不吉利的，也是對自己運氣不好的，會阻礙運氣的。沒想到在說服協商時發揮了用途。此後他也聽我的話把黑網拿掉了。目前事業做得很順，不再像以前鬱悶、財窮，精神萎靡，六神無主的神色了。可見風水局是有常人無法意會的效用的。

5 風火輪及火局的應用

命局中缺火的人，也就是喜用神要用火做用神的人，可用『風火輪』及火局在談判中取勝。

命局中少火的人，多半是冬天所生的人或春初所生，命局中又是水多，命理格局較寒的人。這種命格的人，就可以用紅色的物品，或帶火象的物品來助長自己的運氣了。

你可以在談判桌上靠近自己的地方放一些紅色的擺飾，或買一個風火輪，或自己做一個風火輪來擺設。這個風火輪必須是會快速轉動的，才有效。

有一位做工程的親戚常來家中與我訴苦，說生意不好做，工程招標老是標不到，快要接近斷炊的地步了，有沒有什麼方法可以助運的？我看看他的生辰八字剛好是冬天生的人，命中缺火，於是向他建議用風火輪來助運。通常玩具店或賣擺飾的店中有一種紅色管子繞成圓型，內裡有油在流動，打開電開關，由小馬達會推動流質的油在管內迅速的流動循環，樣子有點像玩具摩天輪。我讓他去買這種擺飾來放在桌上的財位上，或帶至開標場地所坐的位置桌上，讓他運轉半個鐘頭至一個鐘頭來助運。可是隔了幾天，他來電話說，一直找不到這樣的東西，而且又一個工程招標就迫在眉睫了，因此他急得很。既然如此，我就建議他去買一個小電風扇，用紅色油漆噴成紅色，先放在辦公桌左上角的財位上，每日開電讓它旋轉兩個小時。最好在開標那天也帶去，早點去也讓它在自己的座位上轉半個小時至一個小時。當然我們也把他當日的流日、流時的運氣也做了一翻預測，於是終於在開標的那一天順利標下工程，而讓公司有了生意，也有了喘息的機會。

這位親戚又說，平常辦公室中部屬多爭執，擺不平，自己又常犯小人，問題解決不完，有沒有辦法？我建議他在辦公桌的財位上放一個紅色小獅子的擺飾。之後，辦公室的爭鬥也不再那麼激烈了。**這個紅色小獅子就是他辦公室的鎮山之寶了**。

命格缺火，喜用神為丙、丁火的人，可以參考用之。

第十一章 從天、地、人中來找『說服力』高手

如何尋找好的談判人才

所謂好的談判人才，不光是口才好，應變能力強就可以了，最好是此人的運氣好，有長輩貴人運，也有平輩的貴人運。更要做人世故、合情合理，使談判中不要有太多的爭議，也不要在談判後又帶來後遺症。真正成功的談判，不但在錢財上能獲得利益，在人緣上、名聲上最好也不會有損失，這才是十全十美的談判技巧。

所以你在找談判人才時，第一、就要挑選運氣好的人。**第二**、要挑選人緣好，有親和力的人，同時他也要是上司、同事都喜歡的人。**第三**、就是重言諾、少是非的人。最後才是口才、智慧、才能方面的問題。

本命中有財祿的人，肯定是大部份運氣都較好，在人緣關係上也較圓融的人。在處理賺錢得財的方位上有敏感力也善於處理事務，其人做事也不會太頑固不化，不會不知變通，通常命格中財祿多的人，口才也較好，智慧圓融通達，是故真正好的說服力人才，就是命局中財祿多的人了。倘若再有化權、化祿與財星同坐命宮『命、財、官』不要有空劫、化忌的人，就是最會協商說服的人才了。

如何運用天時、地利、人和等綜合條件來幫你達成最後說服力勝利的目標

在天地之間，每一件事情都會有開端和迄末之處。也就是有開始，也有結果。這開始與結果就是兩個時間點。倘若我們把這兩個時間點放在我們人生歷程中的好運時段，那事情會成功的機率就是最高的。倘若我們又再把這兩個時間點又再放進我們生活最舒適環境中的地點方位上，那事情的成功率就更高了。倘若我們又再把這兩個時間點再放在與我們相親相合的人群中，那事情就百分之百的成功了。

因此天時、地利和人和，倘若是宇宙中三條如光一般的輻射線，在他們相交的時候就能碰出美麗的火花。

很多人都認為『說服力』的問題是嚴重的、是爭鬥的、是陰險毒辣的、是反覆、磨時間的。但是當你知道『說服力』的問題實在只是『時間』的問題時，你會不會訝異？當你又知道地利和人和只是時間附屬的子題時，你會不會更奇怪呀？

在我們紫微命盤中就可以很輕易的找到這個說服力成功的時間，又可看到當時說服協商中的情形，還可看到與我們說服協商當時，對手的形貌、態度，所以你只要會算流年、流月、流日、流時，實際上你已掌握了說服力中最主要的時間問題了。也可以說你已十足掌握了說服協商最後的結果了。最後敬祝大家好好把握你命盤中的好時間，事事順利，永遠站在人生最光輝的位置上。

流年、流月、流日的看法

流年的看法：

流年是指當年一整年的運氣。子年時就以『子』宮為當年的流年。以『子』宮中的主星為該年的流年命宮的主星。倘若是丑年，就以『丑宮』為流年命宮，卯年以『卯宮』為流月命宮。宮中的主星就是流年運氣了。以此類推。

卯年中，以『卯宮』為流年命宮，寅宮為流年兄弟宮、丑宮為流年夫妻宮，子宮為流年子女宮，亥宮為流年財帛宮，戌宮為流年疾厄宮，酉宮為流年遷移宮，申宮為流年僕役宮（朋友宮），未宮為流年事業宮，午宮為流年田宅宮，巳宮為流年福德宮，辰宮為流年父母宮。如此就可觀看你卯年一年當中與六親的關係，及進財、事業的行運吉凶了。

流月的看法：

流月是指一個月中的運氣。

要算流月，要先找出流年命宮（例如卯年以卯宮為流年命宮），再由流年命宮逆算自己的生月，再利用自己的生時，從生月之處順數回來的那個宮，就是你該年流年的一月（正月）。

舉例：某人是生在五月寅時。卯年時正月在丑宮（從卯逆數五個宮，再順數三個宮那是正月）

※幾月生就逆數幾個宮，幾時生就順數幾個宮，就是該年流月的正月，再順時針方向算2月、3月……

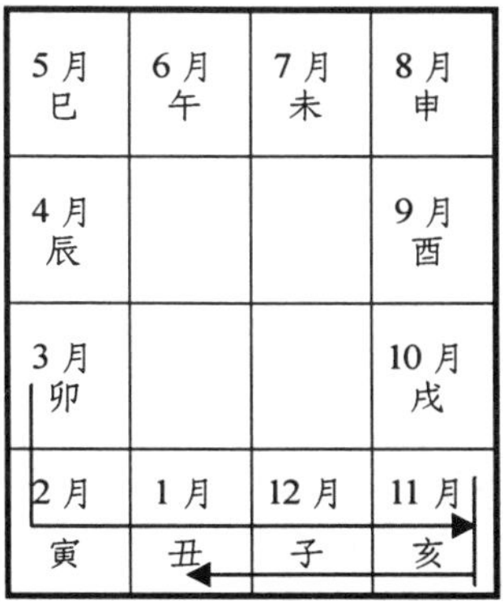

5月 巳	6月 午	7月 未	8月 申
4月 辰			9月 酉
3月 卯			10月 戌
2月 寅	1月 丑	12月 子	11月 亥

流日的算法：

流日的算法更簡單，先找出流月當月的宮位，此宮即是初一，順時針方向數，次一宮位為初二，再次一宮為初三……以此順數下去，至本月最後一天為止。

流時的看法：

流時的看法更不必傷腦筋了！子時就看子宮。丑時就看丑宮、寅時看寅宮中的星曜……以此類推來斷吉凶。

算命智慧王

法雲居士◎著

《算命智慧王》一書的內容主要是將算命此行業的業務內容做一規範作用，好讓銷費者與卜命業者共同有一可遵循的模式，由此便能減少紛爭。世界上愛算命的人口多，但只喜歡聽對自己有利之事，也只喜歡聽論命者說自己是富貴命，常有命相師會投其所好而斷之，等到事情沒有應驗而又怨之。此書讓大家了解算命該怎麼算？去問問題該問些什麼？究竟命理師該告訴你些什麼呢？如果算命結果不如你願時還要不要再繼續找人算呢？有關算命的問題都在這本書中會找到答案。

暴發智慧王

法雲居士◎著

大家都希望自己很聰明，大家也都希望自己有暴發運。實際上，有暴發運的人在暴發錢財的時間點上，也真正擁有了超高的智慧，是常人所不及的。

這本『暴發智慧王』，就是在分析暴發運創造了那些成功人士？暴發運如何創造財富？如何在關鍵點扭轉乾坤？

人可能光有暴發運而沒有智慧嗎？

如何才能做一個真正的『暴發智慧王』？

法雲老師用簡單明確、真實的案例詳細解釋給你聽！

桃花改運術

法雲居士⊙著

桃花運是人際關係中的潤滑劑，在每個人身上多少都帶有一點。這是『正常的人緣桃花』。

但是，桃花運分為『吉善桃花』、『愛情色慾桃花』、『淫惡桃花』。亦有『桃花劫』、『桃花煞』、『桃花耗』等等。桃花劫煞會剋害人的性命，或妨礙人的前途、事業。因此，那些是好桃花、那些是壞桃花，要怎麼看？怎麼預防？或如何利用桃花運來轉運、增強自己的成功運、事業運、婚姻運？

法雲老師利用多年的紫微命理經驗來告訴你『桃花轉運術』的方法，讓你一讀就通，轉運成功。

如何用偏財運來理財致富

法雲居士⊙著

偏財運會創造人生的奇蹟，

偏財運也會為人生帶來財富，

但『暴起暴落』始終是人生中的夢魘。

如何讓暴發的財富永遠留在你的身邊，

如何用一次接一次的偏財運增高你的人生格局？

這本『如何用偏財運來理財致富』就明確的提供了

發財的方法和用偏財運來理財致富的訣竅，讓你永不後悔，痛快的過你的人生！

簡易大六壬神課詳析

法雲居士⊙著

『六壬學』之占斷法是歷史上最古老的占卜法。其年代可上推至春秋時代。

『六壬』與『易』有相似之處，都是以陰陽消長來明存亡之道的卜術。學會了之後很容易讓人著迷。它也是把四柱推命再繼續用五行生剋及陰陽等方式再變化課斷，以所乘之神及所臨之地，而定吉凶。

新的二十一世紀災難連連，天災人禍不斷，卜筮之道中以『六壬』最靈驗，但大多喜學命卜者害怕其手續煩雜，不好入門，特此出版此本簡易篇以解好學者疑義。並能使之上手，能對吉凶之神機有倏然所悟！

法雲居士⊙著

《紫微命理子女教育篇》是根據命理的結構來探討小孩接受教化輔導的接受度，以及從命理觀點來談父母與子女間的親子關係的親密度。

通常，和父母長輩關係親密的人，是較能接受教育成功的有為之士。

每個人的性格會影響其命運，因材施教，也是該人命運的走向，故而子女教育篇實是由子女的命格已先預測了子女將來的成就了。

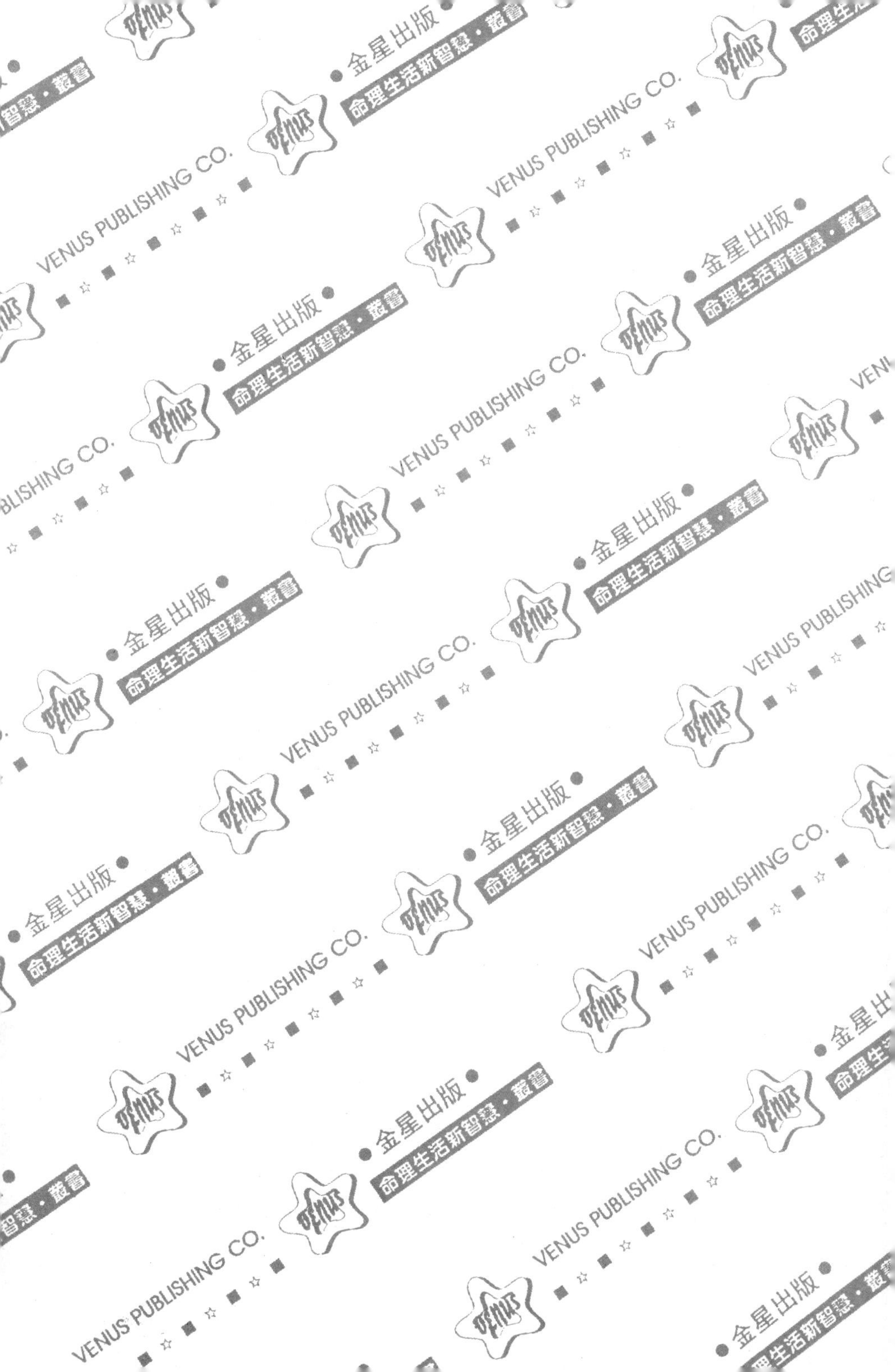
VENUS PUBLISHING CO.
金星出版
命理生活新智慧・叢書

VENUS PUBLISHING CO.
金星出版
命理生活新智慧・叢書